「使いきる。」レシピ

有元葉子の〝しまつ〟な台所術

「残りもの」はありません。

わたしたちは思い込みにとらわれていることが、実はとても多いのです。

たとえばキャベツを1玉買ってきて、その日のうちに半分使ったとする。では、使わなかったキャベツは「残り」かというと、そうじゃないですよね。今日使ったキャベツも、使わなくて一見「残った」かに見えるキャベツも、同じキャベツです。同じ価値のあるものです。それを、使わなかった半玉にラップをかけて、冷蔵庫に何日も入れっぱなしにすれば「残りもの」になる。つまり食材を「残りもの」にしているのは、自分たちなのです。

何でもそうだと思います。

むいた大根の皮やセロリの葉を、そうするものだと思い込んでいて、何も考えずに捨てる。捨ててしまえば「ゴミ」です。でも……いきなり話が飛ぶようですが、会社の中で、社長が優れていて一般社員が優れていないかというと、そうではないでしょう？　役割が違うだけですよね。これは「一次元的なものの見方」なのです。みな同じ平面上にあり、存在している一次元的な位置が異なっている、と私は考えます。食材もそれと同じでは？

今日使ったキャベツも、使わなかったキャベツも、

大根の中身も、むいた皮も、

セロリの茎も、葉っぱも、

価値は同じで、役割が違うだけ――。

こんな気持ちで、わたしはこれまで台所に立ってきました。

「残りもの」という感覚をなくせば、家から残りものはなくなります。「残りものはない」という意識を持てば、「使いきる」ことを考えます。「使いきる」ために必要なのは、ひとの知恵と創造の力です。いろいろなひとがいるのと同じように、食材もいろいろな部位がある。それぞれを工夫してうまく使うのが面白い。実はそこが、料理のいちばん面白いところでもあります。

今の時代、わたし自身もそうですが、中高年層のひとり・ふたり暮らしの家がどんどん増えています。そうした少人数家庭でも、できあいのものに頼るのではなく、新鮮な食材を使って、おいしく「食べきる」「使いきる」食生活が何よりも大切なのだと痛感しています。からだの健康のためにはもちろん、みずみずしい心で毎日を過ごすためにも。

食材を使いきる方法はこれまでにもさまざま紹介してきましたが、この本ではなおよりいっそう深く、おいしく、豊かに「使いきる」ことに焦点をあてました。「食べきる」といっても、わたしの場合はいわゆる〝しまつ〟ではなくて、大根の皮をいかにおいしくかっこよく食べようか、という楽しみの要素が強いのです。大根の皮は「残り」ではなく大根そのものだからです。

食べることは、生きること。

何をどう食べるかが、あなたの生き方そのものです。

ふだんの暮らしを豊かにするために、この本がみなさまのお役に立てば幸いです。

目次

この本の計量単位はカップ1＝200㎖、大さじ1＝15㎖、小さじ1＝5㎖です。

1

葉も茎も外側も内側も
おいしく「食べきる。」

どちらも主役です。

野菜の皮は捨てると、誰が決めたのですか——と前書『使いきる。』（講談社）に書きました。本当にそう思います。大根の皮と中身に優劣はないはず。皮は皮でおいしく食べる「知恵」や、皮には皮のおいしさがあることを知る「豊かさ」が、私たちの生活をよりよいものにしてくれると思います。「もったいないから」ではなく、「おいしいから」皮や葉もいただくのです。

どちらも主役、どこも主役、まるごとが主役です。

たとえば、しいたけは軸もおいしい。いいえ、むしろ傘よりもうまみが強くて、軸のほうがわたしは好きなくらいです。捨ててしまうなんて考えられません。切り落とすのは、軸の下のほうのほんの5㎜程度、土のついている石づきのかたい部分だけです。

コリッとした軸も一緒に味わいたいから、傘に軸をつけたまま調理することが多いです。傘にナイフで切り目を入れて、軸をつけたまま、縦に4等分ほどに裂きます（包丁を使わず、手で裂いたり割ったりしたほうがきのこはおいしい）。炒め物、煮物、汁物にはこの縦長の形で。

傘と軸を別々に使うこともよくします。傘の裏側の、軸の根元のまわりを親指でギュッギュッと押さえると、軸がきれいに取れます。ちょっとかたいですから、軸だけで食べるときは手で細かく裂いて使うのがおすすめ。そうして、どんなふうに食べるかというと……次のページをご覧ください。

しいたけの軸のブルスケッタ

しいたけは軸もおいしい。

しいたけの軸のブルスケッタ

見ても、何だかわからない。食べてもきっと、正体はわからないでしょう。だけれど、コリッとして、濃厚なうまみがあり、噛みしめるほどにおいしいのです。しいたけの軸だけをのせたブルスケッタ、やみつきになるひともいます。ものは試しに、まずは作ってみてください。

材料（2人分）

しいたけの軸　1パック分（4〜5本）
オリーブオイル、粗塩　各適量
バゲットの斜め切り　3〜4切れ
にんにく　1かけ
黒こしょう　適宜

作り方

① しいたけの軸は手で細かく裂きます。

② フライパンを熱してオリーブオイル大さじ1をひき、しいたけの軸を炒めます。きのこは油を吸いますので、オリーブオイル少々を上からも回しかけて。軽く水分がとぶ程度にサッと炒めます。

③ バゲットはカリッと焼き、切り口ににんにくをこすりつけます。オリーブオイルをたっぷりかけて、②をのせます。粗塩をパラパラとふり、好みで黒こしょうをひいていただきます。

● しいたけの軸のブルスケッタは、ワインやビールのおつまみに最高。もちろん、朝食や軽くすませたいときの食事にも。わたしは、塩はフランスのゲランドの〝フルール・ド・セル（塩の花）〟と呼ばれる塩粒が感じられるものをふり、黒こしょうをたっぷりひいて食べるのが好きです。

● しいたけの軸だけを集めて、いろいろな食べ方を楽しんでいます。きんぴら風にピリ辛味で炒めれば、ご飯のおかずに。オリーブオイルで炒めて、パスタの具にもおいしい。スープの実にもよし。ごく細かく裂いた軸を、軽く塩、こしょうした豚のしゃぶしゃぶ用肉できっちり巻いて天ぷらやフライにすると、ちょっとしたご馳走に。しいたけの軸が、おもてなしの一品になります。

しいたけのアヒージョ

軸を取ったしいたけの傘は、肉だねを詰めて揚げたり、焼いたりすることが多いでしょうか。たっぷりの辛いオイルで煮るように炒めるアヒージョも、シンプルですが、コクがあっておいしいものです。

材料（2人分）
しいたけの傘　1パック分（4〜5枚）
にんにく　1かけ
オリーブオイル　適量
赤唐がらし　1〜2本
塩　少々

作り方

① しいたけの傘は手で3〜4等分に裂きます。にんにくは包丁の腹でたたいてつぶします。

② 小さなフライパンに、オリーブオイルを流れるぐらいたっぷり（25〜30㎖）注いでください。①のにんにくを入れて中火にかけます。

③ にんにくの香りが立ったら赤唐がらし、しいたけを入れます。赤唐がらしは半分にちぎって加えますが、辛いのがお好きで2本使う場合は、1本は種を除き、1本はそのまま入れます。種を入れると辛さが増しますので。辛いのが苦手なら種を除いた1本を加えます。

④ 弱めの中火でじゅくじゅくと、煮るように炒めます。しいたけがカリッとしてきたらできあがり。器に盛り、塩をパラパラとふっていただきます。

しいたけのアヒージョ

しいたけをおいしく

- しいたけに限らず、きのこは水で洗うと風味が落ちてしまうので、洗わずにそのまま使います。汚れがついている場合に、ハケやキッチンペーパーでサッと落とす程度でよいのです。きのこは水分が多く、ラップなどでぴっちり包まれていると、中で蒸れて傷みが早いです。買ってきたらすぐにラップを破いたり、袋から出したりして、湿気が抜ける状態にしておきましょう。
- ざるにのせて風の当たる場所に置き、干すのも手。半干しにしたしいたけを、アヒージョなどの料理にすると、またひと味違うおいしさです。

セロリの葉はいくらだって欲しい。

セロリの葉、捨てていませんか？　香りがよくて味もよいから、わたしはいくらでも欲しいくらいです。

スープをとったり、かき揚げにしたり、ふりかけを作ったり、食べ方はたくさんあります。せん切りにして、料理の上に「青み」として散らせば、しゃれた香りとうまみがプラスされて、食べたひとが「あら、これは……」と思うみたい。「知っている気がするんだけど、何だかわからない。このせん切りは一体何ですか」と聞かれることもあります。

ふきの葉もそう。塩ゆでしてギュッと絞り、細かく刻んで。ご飯に混ぜれば菜飯に。じゃことしょうゆとごまで煎ったふりかけも、わが家の定番です。ですから、ふきに葉がついていないときは「葉があったらいただけませんか？」と尋ねてみます。こうして、スーパーマーケットのバックヤードで切り落とされた葉をいただいて帰ることもしばしばです。

セロリの葉のスープ（ストック）

セロリの葉のスープ（ストック）

葉のたっぷりついたセロリの株を見つけた日は、セロリの葉でスープをとります。買ってきたその日の新鮮なうちに、葉を全部むしって、水からグツグツと煮て、香りのよいスープをとるのです。

セロリのスープは、うちでは和のだしや鶏のスープと同様に、日々の料理に欠かせない味のベース。小分けにして冷凍保存しておくと、「今日はスープとパンだけで軽くすませたい」というときにも、すぐに野菜や豆のスープが作れます。

カレーやシチューを煮込むのに使えばひと味違うし、炊き込みご飯にも、リゾットにも、パエリアにも、わざわざスープをとる手間がないのでとてもラク。セロリのスープを、鶏のスープなどと合わせて使ってもよいのです。

材料（約カップ8分）

セロリの葉　1株分

水　カップ10

黒粒こしょう　10粒ぐらい

作り方

① 深めの鍋にセロリの葉、黒粒こしょうと分量の水を入れ、ふたをしないで中火にかけます。

② 沸騰したら弱火にして、1時間ほど静かに煮出します。うっすらと緑の色が出れば、味も出ている証拠。

③ ボウルにざるをのせてスープをこします。冷凍保存する分は、粗熱をとってから保存容器に移します。

◎すっきりとした味わいでおいしく、胃腸にやさしいスープです。味をつけずにストックしておくと、いろいろな料理に使えて重宝します。

セロリの葉が少ないときは、水の量を減らしたり、あるいはセロリの茎もざく切りにして加え、一緒にスープをとればいいのです。ぜひ、葉を活用していただきたいです。

◎セロリの葉と、ほかの野菜を合わせてスープをとることもあります。玉ねぎ、長ねぎ、トマト、キャベツ、かぶなど、ゆで汁がおいしい野菜なら何でも合います。

セロリの葉っぱ、だからこその味。

ミニトマトのセロリスープ

ミニトマトのセロリスープ

セロリのスープをとったら、まずはこれを味わっていただきたいんです。とりたてのスープにミニトマトをいっぱい入れて、グツグツ煮るだけ。ですが、熱々を器によそって、オリーブオイルをたらりと回しかけていただくと、からだに染みるおいしさです。家庭でないと味わえないスープだと思います。

葉っぱを少しだけ残しておいて、せん切りにして「青み」に散らすときれいですよ。

材料（2人分）

セロリの葉のスープ（P15）　カップ2

ミニトマト　20個ぐらい

塩　少々

オリーブオイル　適量

セロリの葉のせん切り　適宜

作り方

① 鍋にセロリの葉のスープを入れて沸かし、煮立ったらへたを除いたミニトマトを加えて、トマトが少しくたっとなるまで煮ます。

② 塩で味をととのえて器に盛り、オリーブオイルをたらしていただきます。青みにセロリの葉のせん切りを散らしても。

セロリの葉のふりかけ

セロリは葉だけを摘み、ざるに並べて干します。カラカラに乾いて、指先でしごけるほどになったら、ポリ袋に入れてもみ、粉状にします。こうすると棒状のかたい茎が残りますから、これを取り除きます。ごま油かオリーブオイルをひいた鍋で弱火で煎り、香りが立ったら、しょうゆと酒各少々を加え、金ごま少々も加えて味をからめます。冷蔵庫で保存が利く、格好のご飯のお供です。

セロリの葉のかき揚げ

かき揚げというのは、本当にありがたい料理です。セロリの葉、にんじんの葉、キャベツの外葉、モロヘイヤなど、味はよいのだけれど、ちょっと食べにくさを感じる葉ものも、かき揚げにするとおいしく、ペロリと食べられます。

セロリの葉だけをかき揚げにしてもいいのですが、たんぱく質の素材を少し入れるとさらに美味。相手は何でもいいんです。桜えびでも、じゃこでも。肉を少し入れるとメインのおかずになりますね。豚肉でも鶏肉でも、ひき肉でも合います。

材料（3～4人分）

セロリの葉　3つかみぐらい
豚薄切り肉　100gぐらい
小麦粉　カップ$\frac{2}{3}$
溶き卵1個分＋冷水　カップ$\frac{1}{2}$
揚げ油　適量
塩、めんつゆ（P68）　各適宜

作り方

① セロリの葉は食べやすくざく切りにします。豚肉も食べやすく切ります。

② ボウルに①を入れ、小麦粉をふり入れてからめます。溶き卵に冷水を足してカップ$\frac{1}{2}$の卵液を作り、これをボウルに少しずつ加えて菜箸でさっくりと混ぜ合わせます。セロリの葉と豚肉に衣が薄くついて、全体がまとまる程度でよいです。

③ 揚げ油を中温に熱して、②を箸で1つまみずつ入れます。途中で向き（裏表）を変えながら揚げ、箸先でたたくとパンパンと音がするかたさになれば、油から引き上げるタイミング。揚げたてを塩かめんつゆでいただきます。

セロリの葉のかき揚げ

●かき揚げの衣には卵を入れても、冷水だけでもよく、前者ならふわっと仕上がり、後者ならパリッとした口当たりに。お好みでどうぞ。

●ついでに。母の十八番でわたしもよく作るのが「残り野菜のかき揚げ」。ごぼう、にんじん、さつま芋、かぼちゃを太めのせん切りにして合わせて揚げます。野菜が残ったからというよりも、これを作りたくて母は少しずつ残していたのではないかしら。つい多く作りすぎたら、残りを一つ一つラップで包み冷凍すれば、うどんやそばを食べるときに便利。

セロリの葉を「青み」に

●セロリの葉は、青じそのように「青み」として使うことができます。スープの浮き実にも、大根サラダに混ぜても、カルパッチョにのせてもいい。きゅうりと一緒に塩もみにしても、香りがよくておいしい。それこそ何にでも使えます。香菜《シャンツァイ》が手に入りにくかった頃は、代わりにセロリの葉のせん切りを、エスニック料理に使ったりもしていました。

●セロリの葉を同じ向きに何枚か重ねます。それをギューッとかたく巻いて、端から細いせん切りにします。冷水にさらしてパリッとさせ、水けをきって使います。

にんじんの葉をためておく理由。

野菜の葉っぱが好きなのです。ごぼうの葉をご存じでしょうか。とてもきれいです。モスグリーンで、少し毛羽立っていて、ふきの葉っぱのような形で。

関西の方にはなじみがあると思うのですが、「うろ抜きごぼう」という初夏に出回る間引きの細いごぼうがあります。若いごぼうなのでやわらかい葉つきで売られていて、これを葉ごと全部、きんぴらにするのがものすごくおいしい。「食べたい」「食べたい」とずっと思っているのだけれど、関東では見かけませんので、「自分でごぼうを育てないとダメかなぁ」なんて冗談を言っているくらい。

と、こんな、わたしのような〝葉つきの野菜好き〟は、まだまだ少数派でしょうか。でも、葉っぱもおいしく食べられることがわかれば、みなさん、〝葉つき〟のほうを選ぶようになるのでは？　野菜の葉が切り落とされないで、売られることを願っています。

最近、葉つきのにんじんを一年中見かけるようになりました。にんじんの葉で、わたしがよく作るのはかき揚げです。これはとってもおいしい。わざわざ作りたくなるおいしさです。葉を細かく切って、茎もせん切りにして少し加え、衣をつけて揚げます。作り方はセロリの葉のかき揚げ（P17）と一緒です。

それから、にんじんの葉があるときのお楽しみが「切りあえ」。これを作るには、1束分のにんじんの葉では足りません。なので葉つきにんじんを買うたびに、葉っぱをサッとゆでて細かく刻み、さらしのふきんで水けをギュッと絞ってからサラサラの状態で冷凍し、ためておきます。

にんじんの葉の切りあえ

「切りあえ」は新潟や山形、父の故郷の福島県会津地方などに伝わる料理です。大根の葉で作る地方もあるようですが、わたしの実家では「うこぎ」という伝統野菜で作っていました。

小さな頃、垣根として植わっているうこぎに、春に若芽が出ると、子どもたちはうこぎ摘みをさせられて。「うこぎの切りあえ」が大好きだったわたしは誰よりも一所懸命に摘み取ったものです。

うこぎの葉と、にんじんの葉の香りがちょっと似ているのです。それで「あ、これで作れるな」と思って、にんじんの葉で切りあえを作ってみたら、なつかしい味が蘇りました。

材料（各適量）
にんじんの葉
越後みそ
金ごま

作り方

① にんじんの葉はサッとゆでて水けを絞り、細かく刻みます。

② オーブンペーパーを天パンの大きさに切って敷き、その上にみそを薄くのばします。みそをのばしたら、余分なペーパーは切り落としてください。でないと紙が焦げますので。

③ 上火を利かせた170℃のオーブンに②を入れ、みそがカリッとおいしそうな焼き色がつくまでよく焼きます。

④ 大きな板などの上に、③の焼きみそをペーパーからはがしてのせます。にんじんの葉、金ごまを加え、包丁でたたくようにして全体をよく混ぜ合わせます。

● これが「にんじんの葉の切りあえ」です。なんとも香りがよくて、香ばしくて、ご飯にのせて食べると止まらぬおいしさです。

● にんじんの葉は繊維が強く刻みにくいので、よく切れる包丁で。わたしは研いだ包丁の試し切りでこれを刻みます。

● 昔ながらの方法で、みそをしゃもじに塗って直火であぶって焼いてもいいのですが、オーブンやオーブントースターで焼いたほうが焦げが少なく、焼きむらもできにくいです。

● ふたつきの容器に入れて、冷蔵庫で1週間ぐらい保存できます。

にんじんの葉の切りあえ

豆ご飯はさやも使って。

グリンピースのさやも、わたしはただでは捨てません。たっぷりのさやを煮出すと、薄いグリーンの色がついた香りのよいスープがとれるのです。それを使って、ご飯を炊きます。春にお待ちかねのグリンピースご飯を。

実はこれはイタリアで知った、さやの使い方。あちらではグリンピースのパスタを作るときに、パスタをゆでるお湯で先にさやをゆでて、香りをつけるんですね。野菜がとても元気で、「香りも味のうち」と知る国ならではの知恵と感心しました。

新鮮なグリンピースを買ってきたら、何をおいても、その日のうちに調理をしてください。さやも使う場合ならなおさら、新鮮さがものをいいます。

ところで、グリンピースのさやがイケるなら豆のさやは使えないのです。残念ながら、そら豆のさやは使えません。あれだけはどうにもならないのです。なのでせめて、さやのふわふわのベッドで大きくなったそら豆そのものを、季節には存分に味わうことにいたしましょう。

グリンピースご飯

ご飯に色はつきませんが、敏感な方なら「香りが違う!」と気づいてくださるはずです。それにも増して、春の恵みのグリンピースをさやごといただく――という行為そのものが、自然を敬う日本人の感性に合う気がします。

材料（3～4人分）

グリンピース　さやから出してカップ1
酒　大さじ1
米　カップ2
グリンピースのさや
水

作り方

① グリンピースはさやから出し、実は水に浸しておきます。
② 鍋にグリンピースのさやとかぶるぐらいの水を入れて火にかけ、沸いたら弱火にして30分ほど煮出します。このスープはあらかじめとり、冷ましてから使います。
③ 米は炊く30分ほど前にとぎ、ざるに上げます。
④ 炊飯器に米、グリンピース、酒を入れ、②のスープで普通に水加減をして炊きます。

●残ったスープは保存容器に小分けにして冷凍します。野菜やベーコンなどを加えて煮れば、おいしいスープができますし、セロリの葉のスープ同様、リゾットやパエリアを炊くときに使うなど、いろいろな料理の味のベースになってくれます。

グリンピースご飯

なす紺の皮と、翡翠なす。

皮をむいて蒸したり、素揚げにすると、なすがうっすらと緑がかった色になります。これを「翡翠なす」と呼んで、目でも味わうこの食べ方が好きです。

なすの皮をむいて蒸すとき、当然のこと、皮が残ります。捨てられてしまうことが多いかもしれませんが、わたしはおいしくいただきます。なすの身と同様に、むくそばから皮も塩水(あるいはみょうばん水)につけます。こうしてアク抜きをしてから、皮はきんぴらにするのです。

油で炒め、しょうゆなどで味つけしたなすの皮のきんぴらは、つややかでハッとするような美しさ。「なす紺」と呼ばれる皮の紺色がさらに深くなり、その潔い単色の料理を、なすの皮だと当てるひとはなかなかいません。なじみのある野菜の、しかも皮だけだなんて思いもよらない、おしゃれな一品です。上等な器に盛れば、趣のある酒肴に。その反面、きんぴらですから、ご飯やおかゆにとても合う素朴なおかず——。

こんなふうに皮も身も、それぞれに色を愛でながらいただく。なすはひとつで二度おいしい野菜なんです。

なすの皮のきんぴら

きんぴらを作る、という下心(?)が最初からあれば、なすの皮を厚くきれいにむいても、もったいなくないでしょう?

材料(2~3人分)
なすの皮　3本分
ごま油　大さじ1
赤唐がらし　1本
酒　大さじ1
しょうゆ　大さじ1/2~2/3

作り方
① なすは皮をむきながら、身と一緒に皮も、塩水(分量外)につけます。赤唐がらしは種を除き、水に少しつけてやわらかくしてから細切りにします。
② なすの皮は細切りにして、水けをよくきります。
③ 鍋にごま油を熱し、②の皮を入れて炒めます。わりとじっくり炒める感覚です。油がなじんで色がさえたら、赤唐がらし、酒、しょうゆを加えて煮、汁けがほぼなくなれば完成です。

● ここでは甘みを入れないさっぱり味に仕上げましたが、好みでみりんを加えてもおいしいです。

蒸しなすの香味だれ

翡翠色の蒸しなすは、香味野菜たっぷりのピリッとするたれで食べるのが美味。たれをかけた状態で、冷蔵庫で2~3日保存できるので、ひとりやふたり暮らしでも、この分量で作るのがおすすめです。おかずにはもちろん、おつまみにも。

材料(2~3人分)
なす　3本
[香味だれ]
にんにく、しょうが、長ねぎ、セロリのみじん切り　各大さじ3
赤唐がらし　1本
ごま油　大さじ2~3
しょうゆ　大さじ2
酢　大さじ1
塩、粉山椒　各少々

作り方
① なすは皮をむき、塩水(分量外)につけます。
② 香味だれを作ります。ボウルに香味野菜と種を除いてみじん切りにした赤唐がらしを入れ、ごま油、しょうゆ、酢、塩、粉山椒を加えてよく混ぜ合わせます。
③ 湯気の上がった蒸し器に、①のなすを水けをきって並べ入れ、ふたをして、ふっくらやわらかく蒸し上げます。
④ 長さを半分に切ってから縦に4等分ほどに切って器に盛り、香味だれをたっぷりかけていただきます。

● 香味だれには、セロリの葉や、香菜の茎や根っこが入っても。調味料の分量も適当でいいんです。辛いのが苦手なら、赤唐がらしや粉山椒を省いて作ります。

蒸し器を出さなくても

● ちょっと野菜を蒸すぐらいのことで、せいろや蒸し器を出すのは億劫。それで便利にしているのが、浅型ざる(★ラバーゼの製品)です。だしをこすときに便利な道具ですが、それだけの用途ではもったいない。

● 浅型ざる(中サイズで口径22・4cm)に合う口径の深鍋に、底の方から3cmぐらい水を入れます。鍋が深すぎるとき、口径が大きすぎるときは、丸ざるを逆さにして鍋の中に置き、その上に野菜をのせた浅型ざるを置いて蒸せばいいのです。このように、道具も徹底的に「使いきる」ことをいつも考えています。

★ラバーゼ/和平フレイズ
✆0256・63・9711
http://labase.jp

なすの皮のきんぴら

◉奥はラディッシュの甘酢漬け。ラディッシュの頭を切り落とし、包丁の腹でポンとたたいて軽くつぶします。塩少々でもみ、千鳥酢大さじ2、メープルシロップ大さじ1であえます。冷蔵庫に入れておけば日保ちのする一品。

蒸しなすの香味だれ

わたし流〝しまつ〟。

むいた大根の皮をしょうゆ漬けにするようなことを、昔からせっせとしています。すると、「意外に〝しまつ〟なんですね。見習わないと」なんて、ひとから言われることも。

でも、そうじゃないんです。「もったいないから皮も使う」ということではなくて、わたしにとってはそれがおいしいからだし、逆にみんなが捨ててゴミにしているようなところを一品に仕立てて、「わぁ、おいしい！」って驚かせるのが楽しい。みんなが捨てているところは、おいしく楽しめるところなのです。

美食家で知られた北大路《きたおおじ》魯山人《ろさんじん》の生涯を描いた小説（山田和著『知られざる魯山人』文藝春秋）の中に、印象的なエピソードがありました。顧問をしていた星岡《ほしがおか》茶寮《さりょう》に新しい料理人を迎えるときに魯山人は、普通なら廃棄するような魚のあらだけを与えて、これで毎日違う料理を作って食べさせてみろ、と何十日もテストしたといいます。

魯山人は自身が優れた料理人でもあり、食材はあらも茎も根も皮もすべて、部位ごとに風味の異なる「食材」であって、捨てるところはない――という信念を持っていたそうです。実際、星岡茶寮の厨房で彼が料理を作ると、ふだんの3分の1しかゴミが出なかったとか。

ある日の厨房で、ひとりの料理人がふろふき大根を作るために大根の皮をむいていました。「その皮をどうするのか」と魯山人が尋ねると、「捨てまんね」と返ってきた。そのことを魯山人本人が書いた一節が『知られざる魯山人』に引かれています。

之《これ》を僕に持たしたら、例へば糠《ぬか》味噌へ入れて漬物にしてもよいし、その他何でも重寶《ちょうほう》に使へる、いいものが何ぼ出來るか知れない。人は之を廢物利用と呼んでゐるが、大根の皮の部分といふものは元来廢物ではないのである。皮の部分にこそ大根の特別な味もあり精分もある。

このくだりを読んだときにわたしは、「これですよね！」って、我が意を得たりの心境でした。

本当にそう思います。「大根の皮は、誰が捨てるって決めたの？」って。誰が決めたわけでもないですよね。勝手にみんながそう思い込んでいるだけ。「大根の外と中を逆にすればいいんじゃない？」って、そういう逆の発想をしてみると、実はこんなにおいしいところを今まで捨てていたんだ……とわかるはずです。

この本の冒頭にも書きましたが、わたしたちは思い込みにとらわれていることが本当に多い。それって恐ろしいことです。人間の退化です。

料理に限ったことではありません。たとえば料理教室などで、みなさんの食器の洗い方を見ていると、お皿についている汚れが何の汚れなのかを見極めもしないで、お湯をジャーッと出して、スポンジに洗剤をシュッシュッとかけて洗い始める。そういう光景に出くわすたびに「違うんじゃない？」といつも言います。「それはあとですること。まずは水で手で洗ってください。それでも落ちない汚れを洗剤で洗うんです」

大根の皮を捨てるのも、何でもいきなり洗剤をかけて洗うのも、同じ心でやっているとしか思えません。自分の目で見たり、指先や舌で感じ取ったり、頭で考えることをしないで、思い込みで条件反射的にからだを動かしている。それをしている限り、食材や道具の本当のよさを知って「使いきる」ことはできないはずです。思い込みから一歩離れて、「なぜだろう？」と考えてみることが大事。暮らしや人生の本当の豊かさは、そこと結びついているからです。

ですから、わたしの〝しまつ〟は「もったいない」ではなく、むしろ、おいしさや楽しさや豊かさをもっと求めるがゆえの〝しまつ〟なのです。

ひとり暮らしでもキャベツは大玉1個。

ひとり暮らしでも、キャベツはまるごと1玉買います。冬なら、巻きがかたくて葉が厚くて、しっかりとした大玉のキャベツを。春なら、巻きがゆるくてやわらかい新キャベツを。冬キャベツは火を通すと甘くなり、春キャベツは生で食べてもみずみずしい。外葉も芯も余すところなくおいしく食べきります。

キャベツ1玉を食べきるのはたやすいこと。たとえばザクッ、ザクッと4等分ほどに切って、ふたつきの厚手の鍋に入れ、上にベーコンや豚肉をのせます。水をほんの少し加えて、塩をパラパラとふり、ふたをして蒸し煮に。または、肉なしでキャベツだけのオイル蒸しもおいしい。ひとりでキャベツ半玉ぐらいは食べられてしまう感じです。キャベツが甘くなりますので、黒こしょうを利かせて食べるのがわたしは好きで、これをメインディッシュにする日もあるくらい。

せん切りキャベツを作ったときなどに、芯が残ることもあると思います。キャベツの芯、これがまた火を通すとほっくりとして甘い。ぜひ作ってみていただきたいのが、キャベツの芯だけのフライ。「いったいこれは何?」と驚かれる〝正体不明〟の美味です。それから、芯をせん切りにして、桜えびとかき揚げにするのもおいしい。いろいろお試しください。

キャベツの外葉のメンチ

キャベツの外側の葉は、そのままではかたくて食べにくいもの。冬のキャベツならなおさら葉が厚くかたいですが、それを食べるレシピもあります。キャベツメンチです。

ひき肉にキャベツをたくさん混ぜ込んだ大きなメンチは、わたしのレシピの中でも、もしかしたら一番有名(?)かもしれません。メンチカツにつけ合わせのキャベツも入れてしまおう。それには外葉が最適、と思ったのです。

丸くまとめたときの見た目は、ひき肉とキャベツがちょうど半々くらい。「揚げる」という調理法でじわじわと火を通すと、キャベツの外葉が本当に甘くなります。それにキャベツがたっぷり入っているから、食べるとサクッと意外に軽くて、「え、こんなに大きいメンチ!?」と最初は驚いたひともぺろりと平らげてくれます。

うちでは手で丸められる、最大限のサイズに作ります。大きく揚げたほうが、中がふっくらやわらかく仕上がりますが、揚げるのが難しそうだったら、心持ち小さめに成形してもよいです。

材料(2人分)

合いびき肉　250g
キャベツの外葉　3〜4枚
玉ねぎ　1/4個
にんにく　小1かけ
A
- 溶き卵　1/2個分
- パン粉　カップ1/2
- 塩、こしょう　各少々

小麦粉　適量
溶き卵　1個分
パン粉　適量
揚げ油　適量

作り方

① キャベツの外葉は、ザクザクと太めのせん切りにします。玉ねぎ、にんにくはそれぞれ刻みます。

② ボウルに合いびき肉と①を入れ、Aを加えて、手でつかむようにして混ぜます。最初は混ざりにくいですが、そのうちにキャベツとひき肉がなじんできます。

③ ②を2等分して丸めます。手のひらほどに大きいのがこのメンチの魅力ですが、大きすぎて揚げるのが大変ならば3〜4等分にしても。手のひらに打ちつけるようにして中の空気を抜き、丸く形作ります。

④ ③に小麦粉、溶き卵、パン粉の順に衣をつけて、低温(150〜160℃)の油に入れます。熱した油の中に乾いた菜箸を入れたとき、しばらくしてからゆっくりと細かい泡が出てくる状態が「低温」です。

⑤ 徐々に油の温度を上げながら、途中で向きを変え、じっくりと揚げます。中まで火が通るのに10分ぐらいかかります。メンチが大きいですから、油をお玉ですくって、上からかけながら揚げてもよいでしょう。

⑥ きつね色になったら、最後は油を180℃ぐらいの高温にして、油ぎれよくカリッと仕上げます。

◎うちでは薬膳ソース(★鎌倉・三留商店の特製ソース)をかけますが、好みのソースで召し上がってください。

◎ちなみにわたしは揚げ物にも、良質なオリーブオイルを使います。カラッと揚がって香りがよく、胃もたれしないのでおすすめです。

★薬膳ソース/三留商店
☎0467-22-0045
http://www.mitome.jp/

キャベツの外葉のメンチ

「塩もみ」という知恵。

ラップをかけて冷蔵庫に入れておく日数の分だけ、使い残しの野菜は鮮度を失います。ですからキャベツを1玉買ってきたら、わたしはそのときに食べきれない分を、せん切りやざく切りにして「塩もみ」にしておきます。

作り方はこうです。

◎キャベツの半量は5cm角に切る。残り半量は細すぎず太すぎないせん切りにする。形を変えて切っておいたほうが、のちのち料理の幅が広がります。

◎それぞれを大きなボウルに入れ、1・5〜2%の塩をふって軽く混ぜ合わせる。

わたし自身はいつも塩は目分量で、食べてみて「ちょっとしょっぱいかな」というぐらいの感覚です。計りたい方は計量してください。

塩をふって混ぜたら少しおき、キャベツがしんなりしたら水けを絞ります。2〜3日で食べきるならば、ふたつきのステンレスのボウル(P90)などに入れて保存を(よく冷えるので味が変わりにくい)。ファスナーつきの保存袋に平らに入れれば冷蔵庫内で省スペースですし、上にバットなどをのせて均等に重しをかけておけば、1週間ぐらい保ちます。

こうして「塩もみ」野菜を作っておくと、なぜいいのか。

まず、「切る」手間が省ける。切らずにすぐに使える材料があると、調理が想像以上にスピーディです。

また、塩でもむと、野菜は独特のうまみを醸し出すようです。使い残しにラップをかけて保存するのとは逆に、「塩」と「時間」で野菜をおいしくしながら保存できるのが「塩もみ」という知恵なのです。

漬物は塩もみの延長線上にあります。小松菜、きゅうり、大根、にんじん、かぶ、なす……さまざまな野菜に「塩もみ」は有効です。

「塩もみ」キャベツを使って。

塩もみキャベツと
塩もみ豚のからしあえ

塩もみキャベツと塩もみ豚のからしあえ

キャベツと豚肉は相性よし。豚の薄切り肉をソテーして、塩もみキャベツを加えてサッと炒め合わせるだけで、「切る」手間も味つけもほとんどいらずに、ご飯のおかずがすぐに一品できてしまいます。あるいは、豚のかたまり肉とたっぷりの塩もみキャベツを、ふたつきの厚手鍋に入れて蒸し煮にすれば、ボリュームのあるご馳走のできあがりです。

「塩もみ」した豚肉と組み合わせるのもおいしいもの。というのも、ある日、食べようと思って買った豚ヒレ肉がその日に食べられなかったので、きつめに塩をして、ラップで包んで冷蔵庫に入れておいたのです。肉もすぐに使わないときは「塩もみ」すると、冷蔵庫で2～3日は平気で保ちます。その間に熟成されたようになって、また違う味わいが出てきます。

この肉を蒸して、手で裂いてみたら、ちょっとするめみたいな感じになって噛めば噛むほどおいしい。塩もみキャベツとからしあえにして、カリカリに焼いた薄切りパン（胚芽入りがおすすめ）と一緒に食べるのは格別です。

ちなみに、塩もみ豚や、アンチョビなどの塩けのある食材と合わせるときは、塩もみキャベツの塩分を控え目にしておくといいのです。

材料（2人分）

塩もみキャベツ（ざく切り）　2つかみ
豚ヒレ肉（かたまり）　150g
　塩　適量
オリーブオイル　大さじ2
マスタード　大さじ½

作り方

① 豚肉は全体に塩をすり込んでラップで包み、冷蔵庫に一晩おきます。

② ①を取り出して室温にもどし、湯気の上がった蒸し器で蒸します。冷めたら、繊維に沿って縦に食べやすく裂きます。

③ ボウルに軽く塩もみしたキャベツと②を入れ、オリーブオイルとマスタードを加えて、よくあえます。

塩もみキャベツのアンチョビドレッシング

アンチョビで作るドレッシング、これがキャベツのサラダにとてもよく合うんです。バーミックスなどのハンドミキサーをお持ちでしたら、広口瓶で直接ドレッシングを作ると、そのまま冷蔵庫で保存できて便利。もちろん、ボウルと泡立て器でも作れます。

アンチョビは少量残しておいても、いつまでも使いきれないもの。1瓶分をドレッシングにしておけば、1週間ぐらい保存できて、おいしく食べきれます。

蒸しただけのカリフラワーやかぶも、ゆで卵のサラダも、アンチョビドレッシングがあればとてもおいしい。白身魚のソテーのソースにすれば、あっという間におしゃれな一品のできあがりです。

材料（2人分）

塩もみキャベツ（せん切り）　2つかみ

［アンチョビドレッシング］

（作りやすい分量）

アンチョビ（フィレ）　1瓶

★アンチョビ2〜3枚は取り分けておきます。

にんにくのすりおろし　1かけ分

酢（シャンパンビネガー、ワインビネガーなど好みで）　大さじ4

オリーブオイル　カップ2/3

黒こしょう　適量

作り方

① アンチョビドレッシングを作ります。口径7cm以上の広口瓶にドレッシングの材料をすべて入れて、ハンドミキサーで軽く攪拌《かくはん》します。ドロドロになりすぎないところで止めて、瓶にふたをし、よく振ってから箸で混ぜます。または、ボウルにアンチョビを入れてフォークなどでつぶし、ほかの材料を加えて泡立て器でよく混ぜます。

② ボウルに塩もみキャベツを入れ、アンチョビドレッシングを適量加えてあえます。取り分けておいたアンチョビをほぐしながら加えてひと混ぜします。

塩もみキャベツのアンチョビドレッシング

葉っぱも皮も大根です。

最近、葉つきの大根をよく見かけるようになりました。消費者の意識、売り手の意識が変わってきた証拠だとすれば、とても喜ばしいことです。

葉つきの大根を買ってきたら、すぐに葉のついた茎を切り落とします。でないと、葉も生きているわけですから、白い根の部分の水分や養分を葉が吸い上げてしまって、大根のせっかくのみずみずしさが損なわれるのです。大根の首のところを少しつけた状態で切り落とすと、あとで使いやすいです。

葉はもちろん食べます。何しろ、βカロテン、ビタミンC、カルシウムや食物繊維の宝庫ですから、捨てるなんてもったいないです。

菜飯にすると、米3合に対して、一度に1本分の葉っぱを使いきることができます。葉を細かく刻んで塩でもむか、サッとゆでて水けを絞り、炊きたてのご飯に混ぜます。ごまを加えて、おむすびにしてもいいです。

また、葉も根も「塩もみ」にしておくと、冷蔵庫で保存が利くうえに、何ともいえぬうまみが生じて、サッと炒めただけでもおいし

いものです。
根は皮を分厚くむいて、芯の淡泊なところだけを、薄味のだしで煮て食べるのも好きです。そういう繊細な味を求めるときには皮は邪魔になるけれど、炒めて、ちょっと濃いめの味つけで食べるようなときには、皮つきのほうが、ほのかな苦みが加わって深い味になる。ですから調理法によって、葉っぱ、皮つき、皮なしと使い分けるようにします。

塩もみ大根と豚肉の炒め物

塩もみ大根と豚肉の炒め物

葉も根もそれぞれ「塩もみ」して、豚肉と炒め合わせます。なんてことのないご飯のおかずだけれど、本当に箸が止まらなくなるおいしさ。大根の大きさにもよりますが、ふたりで葉っぱ1本分＋根$\frac{1}{3}$～$\frac{1}{2}$本分が、ぺろりと食べられてしまう。

「塩もみ」して水分を出すと、大根のうまみが強く引き出されて、生のまま調理するのとはまるで別物の味わいになる。そのことがよくわかる料理だと思います。

材料（2～3人分）
大根の葉　1本分
大根の根　$\frac{1}{3}$～$\frac{1}{2}$本
　塩　適量
豚薄切り肉　100g
しょうが　1かけ
赤唐がらし　1本
ごま油　大さじ1
しょうゆ　大さじ$\frac{2}{3}$

作り方

① 大根の葉は細かく刻み、ボウルに入れて1・5～2%の塩をふり、しばらくおいて水けをギュッと絞ります。大根の根は、皮をむいてもむかなくても、お好みで（皮つきはパリパリと歯ざわりがよく、皮なしはしんなりとやわらかい）。薄いいちょう切りにして、こちらも葉と同様に塩もみして、水けを絞ります。

② 豚肉は食べやすく切ります。しょうがは皮をむき、せん切りに。赤唐がらしは種を除き、小口切りにします。

③ フライパンを熱してごま油をひき、豚肉を炒めます。よく炒めて脂を出し、肉がカリッとなったら、しょうゆをジュッと加えて、肉に味を染み込ませます。

④ ①の大根と葉を、もう一度水けを絞って③に加えます。しょうが、赤唐がらしを加えて炒め合わせます。

●豚肉をカリカリに焼いて、肉の水分や脂が外に出たところへ、しょうゆをジュッと染み込ませるのがポイント。肉だけに強めに味をつければよく、野菜には軽く塩味がついている程度。このバランスが、いつまでも食べ続けられるおいしさの秘密なんです。

大根をシチューに。

皮ごと大根のシチューとクスクス

皮ごと大根のシチューとクスクス

このシチューは何がおいしいって、ゴロンと入った大根がおいしい。皮つきでほろ苦く、肉のうまみやスパイスの香りを吸い込んだ大根は、本当にくせになる味です。うちで召し上がると、「あの大根がまた食べたくて、すぐに翌日に自分でも作りました」なんていう方が結構いるんですよ。

和食のイメージが強いですが、実は大根は中東や地中海沿岸が原産。ですからシチューに入れてクスクスにかけても、まったく違和感がないのです。

このシチューにはスパイスをたくさん入れますが、そのときにあるものを適当に入れていただければ。スパイスがなければカレー粉で作ってもOKです。肉もお好きなものを使ってください。野菜もお好きなものを。つまり、この料理は「大根と肉と野菜を、トマトの水煮とスパイスでグツグツ煮込めばよし」ということ。気軽に作っていただきたいです。味がなじみますから、翌日にも、寒い季節なら翌々日にも食べられます。

材料（4〜6人分）

［シチュー］

大根　1/2本

ラム（豚肉、鶏肉、牛肉、ひき肉でも）　500〜600g

A
- にんにくのすりおろし　2かけ分
- カイエンペッパー、クミンパウダー、コリアンダーパウダー　各適量

オリーブオイル　大さじ2

ピーマン、赤ピーマン　各3個

玉ねぎ　2個

さやいんげん、オクラ、なす、しいたけなど好みの野菜　各適量

オリーブオイル　適量

★トマトのパッサータ　1瓶（700g）

★トマトの水煮を裏ごししたもの。イタリア「スピガドーロ」社の瓶詰タイプが日本でも手に入る。ないときはトマトの水煮缶2缶を使う。

鶏のスープ（P98）　カップ1/2

塩、こしょう　各適量

［クスクス］

クスクス　カップ3

オリーブオイル　適量

香菜、アリッサ★　各適宜

作り方

［シチュー］

① ラム（または好みの肉）は食べやすく切り、Aをまぶします。

② 大根は皮つきのまま、4〜5cm角に切ります。ピーマンはへたと種を除き、大きさをだいたい揃えて切ります。玉ねぎも4cm角に。さやいんげん、オクラ、なす、しいたけなど、好みの野菜を食べやすく切るなどして下処理します。

③ 大鍋にオリーブオイルを鍋底を覆うぐらいにひいて熱します。オイルが温まったら①を入れて全面を焼きつけ、続いて大根を加えます。

④ 大根がつややかになったらパッサータを加え、鶏のスープを注ぎます。材料がかぶるぐらいに水を加えます。

⑤ 煮立ったら弱めの中火にして煮込みます。途中で味をみて、スパイスが足りないようなら適宜足してください。

⑥ 肉と大根がやわらかくなったら、ほかの野菜を加えて煮込み、塩、こしょうで味をととのえます。

［クスクス］

① ボウルにクスクスを入れて、浸るぐらいの熱湯をかけます。ふたをしてしばらくおき（10〜15分）、蒸らします。

② ①のクスクスを平たい容器（キャセロールやパエリアパンなど）に移し、オリーブオイルを大さじ3ぐらい回しかけて、へらで混ぜます。足りなければ、さらにオリーブオイルを加えながら混ぜてパラパラにします。

食べ方

●クスクスを器に盛り、シチューをかけます。好みで香菜を散らし、アリッサをつけていただきます。

●オイルをなじませてパラパラにしたクスクスは、冷蔵庫に入れておくと1〜2日はおいしく食べられます。豆と野菜を混ぜたクスクスのサラダ（P56〜57）もおすすめです。

★アリッサは、辛みがおだやかでコクのあるチリペースト。クスクスをはじめとするモロッコ料理の味のアクセントになります。家庭でも簡単に作れます。にんにくを皮つきのままオーブンやオーブントースターで焼くとやわらかくなります。これをつぶして、カイエンペッパー、クミンパウダー、パプリカパウダー、コリアンダーパウダーなどのスパイス、塩を混ぜ、オリーブオイルをドロッとするまで加えて（にんにく2かけに対してカップ1/2ぐらい）混ぜ合わせます。小さな瓶に入れて、上からふたをするようにオリーブオイルを注ぎ、冷蔵庫で保存。2週間程度で食べきるようにします。

大根の皮の琥珀煮。

干し大根の煮椀

　高台の漆椀に盛り込んだ料理は、半透明の肌にだしがじわっと染みた琥珀色。「きれいだな」と思うのです。こんな佇《たたず》まいだと何やら高級な一品に見えますが、これは大根の皮です。

　先に書いた魯山人の話ではないけれど（P26）、皮が中身（根の内側のほう）に劣っているわけではないのです。皮には皮のおいしさがある。それを生かすように調理して、ていねいに味つけをし、よい器に盛れば、大根の皮もごらんの通りのご馳走です。こういった料理は、作り手にも〝してやったり〟の楽しみがあります。

　また、大根に限らずどんな野菜もそうですが、「新鮮な野菜は生で食べたほうがおいしい」とばかりも言いきれないのです。風に数時間当てて干したり、塩もみすることで、野菜のまた別のおいしさが出る。不思議ですが、本当のことです。凝り固まったイメージから自由になると、わたしたちの食はもっともっと豊かで楽しくなると思います。

　大根の皮を厚めにむいて、風通しのよいところに半日ほど干します。これを煮干しのだし（大根とよく合います）で薄味でコトコトと煮れば、滋味のある煮物のできあがり。皮を面取りして、昆布とかつお節の上等な一番だしで煮る「ふろふき大根」とはまた違う、わびた味わいの煮物です。

材料（2人分）

厚めにむいた大根の皮　1/2本分

煮干しのだし（P72）　カップ1と1/2

酒　大さじ1

しょうゆ　大さじ1

作り方

① 大根の皮は4〜5cm長さに切って、ざるに並べます。風通しのよいところ（ベランダなど）に半日から1日干します。

② 鍋に①を入れ、煮干しのだし、酒、しょうゆを加えて、落としぶたをして中火で煮ます。煮立ったら弱めの中火にして、やわらかくなるまで30〜40分かけてコトコト煮ます。

●煮上がったら、いったん冷まして味を含ませ、食べるときに温め直すと、よりいっそうおいしいです。干した皮の、しんなりだけどコリッとした独特の歯ざわりを味わってください。

干し大根の煮椀

干し大根は ぬか漬けにも

○大根は茎のついた首の部分も、根も、厚めにむいた皮も、食べやすい大きさに切って半日から1日干したものを、ぬか床に入れたりもします。カリカリに漬かって、生の大根のぬか漬けとはひと味違うおいしさです。干してある分だけ、早く漬かるのも魅力です。

「干す」という知恵。

風に当てて野菜を干すことは、わたしにとって日常茶飯。おいしく保存するには、「塩もみ」するか「干す」かのどちらかです。「塩もみ野菜」と「干し野菜」とでは、味わいがまったく違うんです。だから、たとえばきゅうりが2本あったら、1本は塩もみ、1本は干して、それぞれを調理して食べ比べてみることをおすすめします。

干すといっても、市販の干ししいたけのようにカラカラに乾いたものではなく、わたしがよく作るのは、さわるとまだしなっとする程度に水分の抜けた「半干し野菜」。水につけてもどす手間がいらず、そのまま炒めたり煮たりして食べられるやわらかさがいいのです。

野菜は干すと身が締まり、うまみがギュッと凝縮されます。特に皮が、干すとおいしくなる。ですから皮つきのまま、食べやすい大きさに切って干します。むいた皮だけを干すこともよくあります。

干し野菜の作り方はいたって簡単です。

◎野菜を皮つきのまま、食べやすい大きさ、厚さ、形に切る。
◎重ならないようにざるに並べて、風通しのよいところに干す。
◎数時間、半日、1日……好みの〝干し加減〟で取り込む。

陽当たりよりも風が大切。湿気を嫌いますので、からりと晴れた日が干し野菜作りにベストです。わたしは数日間出しっぱなし、なんていうことも実はあります。乾燥しすぎても、水につけてもどせば食べられるのだから、神経質にならなくて大丈夫。ただし、干し野菜は旬の時季に作ります。たとえば冬のきゅうりなどは、干しても美味にはなりません。夏には夏の、冬には冬の野菜を干します。

きゅうり、大根、なす、トマト、きのこ、玉ねぎ、さやいんげん、セロリ、ズッキーニ、じゃが芋……。干し野菜に向かない野菜はないかもしれないくらい。いろいろお試しください。

きゅうり1袋は時間差で食べる。

きゅうりも、買ってきた袋のまま冷蔵庫に入れっぱなし、ということはしません。それだと鮮度が落ちる一方だし、いろいろに楽しみたいですから。

買ってきたその日に数本をサラダなどで生で食べたら、数本は切って「塩もみ」にして冷蔵庫に保存します。塩もみにしたものはファスナーつきの保存袋に平らに入れて空気を抜き、バットをのせるなどして均等に重しをしておけば、冷蔵庫で1週間ぐらい保存できます。塩もみきゅうりはあえ物や酢の物にしたり、水けを絞って炒めて食べてもおいしいものです。

そのほかのきゅうりは、切って「干し野菜」にします。きゅうりみたいに水っぽい野菜はドライにするのに時間がかかりますから、2～3日出しっぱなしでもよく、すぐに食べられない分の保存にうってつけです。

干して半日から1日目は、まだ水分が残っている「半干し」状態。この段階で食べてもいいですし、もっと水分が抜けてからでもいいのです。ベランダに干してある（屋外で保存している）きゅうりを食べたい分だけ持ってきて、かたすぎたらちょっと水でもどして食べればいいわけです。

きゅうり1本を塩もみしたり干したりすると、あっけないほど量が少なくなる。「一度にひとり2本は食べるわね」とだんだんにわかってくる。そうすると、たとえば5本入りの袋を買って、これをどう時間差で食べようか……と考えるのも楽しくなってきます。

半干しきゅうりのサラダ

干し野菜は難しいものではありません。からりと晴れた日に屋外に干すのが理想ではありますが、天気が悪ければ、切ってざるに並べて室内に置いておくだけでも、野菜の表面が乾いた「半干し」状態になります。

これをオイルやビネガーとあえてサラダにすると、しこしことして歯ごたえがよく、生の野菜とはまるで別物。なんだかおしゃれな味わいになって、嬉しくなってしまいます。

材料（2人分）

きゅうり　2〜3本
ディル、イタリアンパセリ　各2本
オリーブオイル、ビネガー（白ワインビネガー、シャンパンビネガー、メープルビネガー、米酢など好みで）、塩、こしょう　各適量
サラダ菜　適宜

作り方

① きゅうりは斜め薄切りにしてざるに並べ、表面は乾いているけれど、中にはまだ少し水分が残っている「半干し」にします。

② ディル、イタリアンパセリは葉も茎も細かく刻みます。

③ ボウルに①のきゅうりを入れて、オリーブオイル、ビネガー、塩、こしょうを加えてあえ、味をからめ、②のハーブを加えてあえます。あれば器にサラダ菜などを敷いて盛ります。

●これは“洋”の味つけですが、どんなふうにだって食べられます。酢じょうゆであえて“和”にしてもいいし、豆板醤《トウバンジャン》とごま油としょうゆで“中華”にしても。「半干し」ではなく、完全に水分が抜けたドライのきゅうりでも、1分ほど水につけて水けを絞れば、サラダやあえ物が作れます。

半干しきゅうりのサラダ

干したきゅうりと豚肉の炒め物

しなしなになるほどよく干して水分が抜けたきゅうりは、炒めて食べるのが好きです。生のきゅうりの炒め物は、やわらかいんだかかたいんだかどっちつかずだし、味もはっきりしなくてちょっと苦手。ところがドライのきゅうりの炒め物は……たぶん、みなさんが今まで食べたことのないきゅうりだと思います。コリコリとした食感で、やみつきになるおいしさです。

そのまま炒めるには「干しすぎかな」と思ったら、水に1分ぐらいつけてもどしてから使います。干したきゅうりのしっぽも全部入れてください。そこがコリッとしてまたおいしいのですから。

フライパンを熱してごま油をひき、にんにくの薄切り、食べやすく切った豚ばら薄切り肉を炒めます。肉の色が変わったらきゅうりを加えて、赤唐がらしの小口切り、酒、しょうゆで味つけ。これはおかゆにのせて食べるのもおいしいです。

生のきゅうりのワンプレートごはん。

きゅうりのドライカレー

カレー風味の肉そぼろで生の野菜をあえて食べる、サラダみたいなフレッシュなドライカレーです。きゅうりと玉ねぎに塩をふって、少ししんなりさせますが、「塩もみ」と違って、生のきゅうりのみずみずしさを残したほうが、この料理にはおいしい。そしてこれには、白いご飯よりも、玄米ご飯が断然合います。

肉そぼろは日保ちがするので、ひき肉1～2パックを使いきっていつも多めに作り、清潔なふたつきの瓶に入れて冷蔵保存しています。そうすれば玄米ご飯を解凍して、きゅうりを切って塩をして、温め直した肉そぼろをからめるだけで、あっという間にワンプレートごはんのできあがり。

これとほうじ茶があれば、バランスもとれて満足感のある一食になります。簡単だけれど、無性に食べたくなる味でもあります。

材料（2人分）

きゅうり　2本
紫玉ねぎ　½個
塩　少々
[肉そぼろ]
豚ひき肉（または合いびき肉）100～200g
にんにく、しょうがのみじん切り　各1かけ分
クミン、コリアンダー、クローブ、ターメリックなどのスパイス（またはカレー粉）　各適量
しょうゆ　少々
オリーブオイル　大さじ2
玄米ご飯　2人分

作り方

① 肉そぼろを作ります。鍋にオリーブオイルを熱して、にんにくとしょうがを炒めます。香りが立ったらひき肉を加えて、カリッとするまで中火でよく炒めます。

② スパイスを加えてさらに炒め、スパイスの香りが立ったら、しょうゆを数滴落としてよく炒め合わせます。保存はこの状態で、冷ましてから瓶に移します。

③ きゅうりは1・5cm幅に、紫玉ねぎは食べやすく切ってボウルに合わせ、塩をふって少しおきます。水けが出たらギュウッと絞って②の鍋に加え、サッと炒め合わせます。きゅうりや玉ねぎに火を通す必要はなく、味がからめばいいのです。

④ 玄米ご飯を器に盛り、③をかけていただきます。

●きゅうりに加えて、トマト、なす、セロリ、ゴーヤーなどの夏野菜を数種類組み合わせて、肉そぼろであえてもよいです。

●プレーンヨーグルトにカイエンペッパー、ディルのみじん切りを混ぜたものをドライカレーにかけて食べてもおいしいです。

きゅうりのドライカレー

玄米ご飯

●母が好きだったせいで、玄米には子どもの頃から親しみがありました。切り干し大根、ひじきの煮物、菜っ葉の煮浸しなどのおかずが並ぶ日は玄米ご飯、お刺身の日には白いご飯――こんなふうに母はおかずに合わせて、白米と玄米を選んでいました。

●母の影響でわたしも、白米と玄米を同じ感覚で食べています。「きゅうりのドライカレー」やオリーブオイルを使った料理にも案外、玄米が合うので、「今日のおかずには玄米かな」という日には玄米ご飯です。胚芽を落とさない玄米は食物繊維やミネラルが豊富ですから、もちろん、からだをリセットしたいときにもよいのです。それに、玄米とオリーブオイルは抜群の相性のよさです。

●ひとり暮らしでも、玄米は一度にカップ2を炊きます。5〜6食分ありますので、温かいうちに1食分ずつラップでふんわりと包み、フリーザーバッグに入れて冷凍しています。

●炊くときはカムカム鍋(★オーサワジャパンの製品)という、圧力鍋の中に入れて使う陶器の内釜を愛用しています。これを使うと玄米を一晩浸水させなくてもよく、遠赤外線の効果でふっくらと炊き上がります。

玄米の炊き方

① 玄米カップ2を洗ってカムカム鍋に入れ、水カップ2を加え、ふたをします。

② 圧力鍋の中に入れて、カムカム鍋の高さの半分まで水を加え、圧力鍋のふたをします。

③ 初めは強火にし、圧力がかかり始めたら、そのまま強火で2〜3分加熱。次に弱火にして50〜60分炊きます。

④ 火を止めて、そのまましばらくおきます。圧力が下がったら圧力鍋のふたを開け、ご飯をカムカム鍋からおひつに移してほぐします。

★カムカム鍋/オーサワジャパン
☎03-6701-5900
http://www.ohsawa-japan.co.jp/

ひとり分にきゅうり3本。

塩もみきゅうりのサンドイッチ

これを作ると、見ているひとに驚かれます。「えっ、きゅうりがそんなにたくさん入るんですか」「そこまで何度もギュッと絞るんですか」と。

きゅうりのサンドイッチは、イギリスやフランスに昔からありますが、生のきゅうりを薄くはさんだだけで、どうもわたしには物足りません。それで自分でいろいろと作ってみるうちに、塩もみしたきゅうりを「これでもか」とばかりにはさんだ、ボリュームのあるサンドイッチがわが家の定番になりました。

塩をふってしばらくおいてから、ギュッとかたく絞った「塩もみ」のきゅうりの、パリパリとした歯ざわりが魅力です。さわやかで、野菜がたっぷり食べられるサンドイッチと紅茶の一食なら、食欲のないときでもおいしくいただけます。

ただし、作るのはちょっとコツがいります。スタッフが真似して作ったできあがりの写真などを見ると、きゅうりの層がたいてい薄いです。わたしは食パン2組（4枚）に対して、きゅうり6本を使います。食パン2枚分のサンドイッチを一人前とすると、ひとりできゅうり3本を食べる計算です。

これだけの量のきゅうりの塩もみを、ギュッとかたく絞るのは手では無理。ガーゼでも無理。昔ながらのさらしのふきん（P73）の出番です。最後まで水分を絞り出すように、さらしのふきんに包んでギュウッと絞ります。いくらでも水分が出るので、わたしは4～5回は絞ります。

材料（2人分）

きゅうり　6本

塩　大さじ1

★きゅうり100gに対して、塩小さじ1が目安。

サンドイッチ用の食パン　4枚

無塩バター　適量

作り方

① まずはパンに塗りやすいように、バターを冷蔵庫から出しておきましょう。このサンドイッチは、良質なバターをたっぷり塗ったほうがおいしいです。

② きゅうりは縦半分に切って、種の部分をスプーンなどで取り除きます。種やそのまわりのゼリー状のところがあると、風味がいまひとつな

塩もみきゅうりのサンドイッチ

のです。皮つきのまま斜め薄切りにします。

③ ボウルにきゅうりを入れて塩をふり、軽くつかむようにしてもみます。このまま20分ぐらいおきます。

④ ボウルの中できゅうりの水けを手で絞ってから、濡らしたさらしのふきんで包んで絞ります。一度に絞りやすい量だけ包んでギュッと絞り、絞ったきゅうりはボウルにあけます。そして再び、さらしで包んで絞る――を数回繰り返して、水分を徹底的に絞り出します。

⑤ 食パンに①のバターを塗ります。端まできちんと塗ったら、食パン2枚の上に④のきゅうりをのせます。パンの端まで先の細い盛りつけ箸で均等にのせてください。

⑥ 残りの食パンでサンドしたら、ラップをきっちりと押さえつけるようにして巻きます。10分ほどおいてなじませてからラップをはずし、食べやすく切ります。

先の細い盛りつけ箸のこと

● 塩もみしたペラペラの薄いきゅうりをつまんで、パンの上に均等にのせるとき。「こういう仕事は、この箸でないと上手にできないのよね」と思いながら使うのが、京都の市原の京風もりつけ箸(★市原平兵衛商店)。

● 箸先がごくごく細くて、白髪ねぎを料理に天盛りにするような細かい作業のときにも欠かせません。それでいて、ざっくりと盛るのも得意な箸です。天削げ(箸先の逆側が平らに削いだ形)になっていて、ここはわさびやゆずこしょうをすくうのにとても便利。

● 丈夫な竹製の箸で、先がこんなに細いのに折れたことはほとんどありません。焦がしてしまったり、欠けさせてしまっても、自分でその部分を削って使っています。わたしにはそれほど大切な道具なのです。

★京風もりつけ箸／市原平兵衛商店
✆075-341-3831
Shop281（P144）でも取り扱い。

レモンを使いきる。

料理教室で「レモンを搾ってください」と言うと、みなさん、片手で皮を握ってギュッと搾るだけでやめてしまう。「あら、それで終わり？」と聞くと、きょとんとした顔をしています。そこで、「レモンはこうやって搾るんです」と言って、わたしがやってみせる搾り方はこうです。

半分に切ったレモンの切り口に、両手の指をギュッと入れてしまいます。

レモンのカップの中で指をギュッギュッと動かし、しごくようにして、果肉はもちろん薄皮からも、というぐらいの気持ちで、果汁を根こそぎ搾り出します。

もうこれ以上は汁が出ないと思ったら、片手のひらにレモンをのせて、最後にギューッとかたく握ります。皮に爪が食い込むぐらいに、できる限りの力で握ります。最後は皮をひっくり返してさらに搾ります。こうすると、皮の部分の香りがよいジュースまで搾り取れるのです。

こんなふうにしてわたしが搾ったレモンの残骸は、かわいそうなほど悲惨な姿。果肉がすっかりなくなり、皮もぐちゃぐちゃに壊れて、まるでぼろ雑巾のよう。でも、それでいいのです。あちこちにレモンの汁や種が飛び散って、そこいらじゅうが汚れるけれど……

でも、そこまでやっていいのです。まわりは汚れますが(掃除をすればよいのだし)、レモンのエッセンスをたっぷり浴びた手はとてもいい気持ちです。

「レモンはこうやって搾るのがおいしいのよ。香りがまるで違います」

最初はびっくりした顔で見ていた生徒さんたちも、同じ方法で自分で搾ってみると、「あ、本当ですね。今までもったいないことをしていました」って。そしてみんな、終わったあとにレモンだらけになった手をこすり合わせていて、部屋じゅうにいい香りが立ちこめます。

もちろん、皮まで安心して使える国産のレモンであることが条件です。切る前に調理台の上で、手のひらを当ててレモンをコロコロと転がすと、皮がやわらかくなり、いっそう搾りやすくなります。

レモンもそうですが、買うときに少々高いと思っても、よい素材を選ぶにこしたことはありません。そして頭からしっぽまで、外側から内側まで、すっかり「使いきる」。そのほうが結局はコストパフォーマンスがよいのではないでしょうか。それに、そのほうがおいしい。ハンパに使って捨てるより、そのほうがずっと豊かです。

レモンをまるごとドレッシングに。

白身魚のカルパッチョ

白身魚のカルパッチョ

オリーブの果汁であるオリーブオイルと、ビタミンたっぷりのレモンを、イタリア人は本当によく料理に使います。

良質なエクストラバージンオリーブオイルは、抗酸化作用のあるポリフェノール値がとても高いそうですし、新鮮な野菜、魚介、オリーブオイル、レモンの地中海式の食事は、からだの細胞を元気にしてくれそう。そんな気分もあって、わたしは旬の魚介でカルパッチョをよく作ります。

お刺身で食べられる新鮮な魚介なら、なんでもカルパッチョになります。鯛でも、まぐろでも、帆立て貝柱でも、たこでも。さくで買ってきて薄く切ってもいいのですが、家庭では売っている刺身の厚さのままでもよいと思います。

というのも、うちのカルパッチョを食べて、こう言ったひとがいます。「レストランで食べる魚のカルパッチョは身が薄すぎて、オイルやドレッシングの味ばかりがする。その点、お刺身の厚さなら、素材自体のおいしさを味わえますね」

確かにそうかもしれません。それにお刺身の厚さだからこそ、上からレモンをギュウギュウと搾って、たっぷりのレモン汁をかけても、ちゃんと素材の味がする。魚介のうまみやオリーブオイルと合わさることで、レモンの果汁が酸味よりも、〝フレッシュなジュース〟としての存在感を発揮してくれるのがこの料理です。家庭ならではのご馳走です。

材料（2人分）

あじ、ひらまさ、いかの刺身　各1パック
塩　適量
レモン　1〜2個
レモンの皮　適量
オリーブオイル　大さじ3〜4
ケイパー（塩漬け）　大さじ2
イタリアンパセリのみじん切り　適量
赤唐がらしのみじん切り、タイムやフェンネルなどのドライハーブ　各適宜

作り方

① 刺身は軽く塩をふります。ケイパーは水につけて、軽く塩を抜いておきます。

② 刺身を器に並べます。レモンを半分に切って、刺身の上から搾ります。もちろん48〜49ページの搾り方で、香り高く。種が落ちても食べるときに取り除けばいいのだし、わたしは気にしません。

③ ケイパーの水けをきって散らし、好みで赤唐がらし、タイムやフェンネルをふりかけます。

④ イタリアンパセリを散らします。イタリアでは魚介の料理にイタリアンパセリが必須です。レモンの皮を全体にすりおろし、オリーブオイルをたっぷりかけていただきます。

●刺身にふる塩は、素材のうまみを引き出す塩。ほかに塩はふらず、ケイパーの塩けだけで食べたほうが魚介のほのかな甘みが感じられておいしい。

●魚介は1種類でもよいのですが、2〜3種類を盛り合わせたほうが食べていて飽きません。特にお客様に出すときは、好みもあるでしょうから、盛り合わせがベターです。

常識破りのレモンティー。

イタリア式(?)レモンティー

レモンティー、どうやって召し上がりますか？ スライスしたレモンの輪切りを紅茶に浮かべて……というスタイルが一般的で、見た目にはそのほうがエレガントかもしれないけれど……。「あれって本当においしい？」とわたしは思ってしまう。

うちのレモンティーは、それとはまるで違います。

カップにレモン½個と、はちみつを好きなだけ入れます。大きなマグカップがあれば、半分に切ったレモンをそのまま入れればいいし、そうでなければざく切りにして入れます。

それからレモンをスプーンでガンガンつぶします。皮を破り、中の果肉もくだくようなつもりで。こうすると表面の皮のよい香りが出て、果汁もたくさん出ます。

ここに、熱い紅茶を注ぐんです。そうすると、すごくおいしいレモンティーができる。レモネードと紅茶の中間ぐらいの感じでしょうか。からだに染みるような、ホッとするおいしさで、疲れも吹き飛ぶよう。

どうしてこんな飲み方を知ったかというと……20年ほど前のことです。イタリアに家を作るにあたり、現地の弁護士と一緒に行動しているときに、彼とバールに入りました。

イタリア人は大のコーヒー好き。それなのにそのひとはレモンティーを注文しているから、「へえ、こういうイタリア人もいるんだ」と思って見ていると……。運ばれてきたのは1個分はありそうなざく切りのレモン、紅茶の入ったポット、それに空のカップ。

彼はカップにまずはレモンを入れて、スプーンでガンガンつぶし、それから熱い紅茶を注ぎました。「わあ、おいしそう。なるほどね」と声には出さなかったけれど、感心してしまったんです。「やっぱりレモンの国だから」って。

その後も、イタリアではレモンティーを飲むひとをあまり見かけないものだから、イタリア人がみんな、この飲み方をしているのかどうかはわからないのですが。でも、「イタリア式レモンティー」といちおう名づけておきましょう。

たとえば芽の出た里芋だって。

食材を使い残したり、ダメにしてしまうことがないように心がけています。それでもたくさんの食材を扱って、毎日のように料理の撮影をしているスタジオでは、ごくたまに「あら、里芋から芽が出ちゃった」ということも。芽の出た里芋も捨てられません。いのちのあるもの、ですから。

大鉢に水を少し張り、里芋の下のほうが水につかるようにして、窓辺に置いておきました。するとそのうち根が出てきて、茎がすーっと伸びて、葉が大きく開いて……。

「この植物は何ですか。涼しげでいいですね」

スタジオにやってくるひとに聞かれます。

「里芋ですよ。芽が出たのを水につけておいたら、こうなったの。そのうちに地面に植えようと思って。もしかしたら、秋に新芋ができるかもしれないでしょう?」

スタジオの建物の1階は、わたしたちの店『Ｓｈｏｐ２８１』などが入る店舗になっています。その前庭に古いけやきの木があり、わたしやうちのスタッフが木のまわりにせっせと植物を植えるので、ちょっとした森のような景観です。春の終わり頃、そこに里芋を植えました。2株を別々の場所に。そうしたらあとはもう、ほったらかし。ほかの植物と一緒に毎日水やりをするだけです。

やがて梅雨が来て、陽の照りつける夏になり……ジャングルみたいに植物の生い茂った庭の中では、里芋の大きな葉も埋もれてしまい、存在すら忘れていました。実りの秋になり、吹く風も冷たくなってきた頃、ふと思い立って掘ってみました。里芋を植えた場所です。

小さなスコップで掘らないと、もしかしたらできているかもしれない芋を削ってしまうから、慎重に土を掻き出し、掻き出し……。あっ、ありました。ほら、ちゃんと新芋がついている。親芋のまわりに1、2、3……ひとつの里芋が3倍に増えているではありませんか!

もう1ヵ所に植えた里芋にも、やはり3つの新芋がついていました。「大収穫よね」とスタッフと大喜びでスタジオに持ち帰り、さっそく泥を落として、蒸かしてみました。庭で見ると小さく感じた新芋も、キッチンで見れば普通の大きさのものもあって、「立派じゃないの」と我が子の成長のように嬉しくなります。「でも、畑でできたわけじゃないし、おいしいかどうかはわからないわよね」

湯気の上がる蒸し鍋を開けて、芋に竹串を刺してみるわたしの表情、いつになく不安げだったかもしれません。かたくて串も通らない……なんていうことだとガッカリですから。

でも、蒸かし上がった里芋の皮をむいたとき、「いけるかも」って。ほっくり、ねっとりとした白い肌が現れたからです。写真を撮っていただいたあとで、親芋+大小6つの新芋をみんなで味わいました。

「わあ、おいしいですね!」「小さいお芋もやわらかくておいしい」「親芋だって悪くない味ですよ」「自然って大したものですねぇ」

たとえば芽の出た里芋だって、捨てるのはしのびない。なぜなら、こんなふうにわたしたちを楽しませてくれるのですから。

きぬかつぎ

材料（各適量）

里芋
信州みそ
メープルシロップ

作り方

① 里芋はよく洗って泥を落とします。上のほう1/3の皮をむくか、皮つきのまま、湯気の上がった蒸し器で蒸します。

② 竹串がスッと通れば、中までやわらかくなっている証拠。取り出して、器に盛ります。信州みそにメープルシロップを加えてのばした「メープルみそ」をつけて食べるのがおすすめです。

●良質なメープルシロップはすっきりとした甘み。うちでは和食の甘みづけにもメープルシロップを使います。中でも一番早い時期に採取される〝エクストラライト〟と呼ばれるものは風味がまろやかで、しょうゆ、みそ、酢（P24の「ラディッシュの甘酢漬け」もこれで作りました）との相性がばつぐんです。

ハーブをたくさん食べる国がお手本。

クスクスのサラダ

ミントなんて、お茶にするくらいしか使い道がないと、日本のわたしたちは思いがちだけれど、トルコやアフガニスタンなど中近東の料理には、とてもよく使われます。ミント入りのサラダがあったり、特にラムと相性がいいから、グリルしたラムにミントがたっぷり添えられていたり。ですから、うちでラムの料理を食べるときにも、ベランダからミントを摘んでくることになります。

ベトナムでも、きゅうりにミントやディルを合わせてサラダにしたり、フォーにトッピングする野菜の中にミントが入っていたりします。それでわたし流のベトナム料理も、ミントを始め、ハーブをふんだんに使ったものになるわけです。

ハーブが育つ国ではどこでも、ハーブの食べ方が上手。あたりまえのようですが、そうなのです。そういう国の料理を作れば、必然的にハーブがたくさん食べられるわけで、ハーブ使いの勉強にもなります。

中近東から伝わってきたハーブとトマトとクスクスのサラダを、フランスでは「タブレ」と呼び、これもハーブをおいしく食べられる格好の料理です。しかも、うちのは、レストランで食べるよりもグンとハーブ度の高いタブレです。

材料（4〜5人分）

クスクス　カップ3
オリーブオイル　適量
パセリ、ミント、ディル、フェンネル、香菜《シャンツァイ》、チャイブなど好みのハーブ　たっぷり
ゆでひよこ豆（P78）　カップ1
玉ねぎ　1個
セロリ　1本
ミニトマト　1パック
クミン、コリアンダー、フェンネルなど好みのスパイス　各適量
赤唐がらし　1〜2本
オリーブオイル、塩、こしょう、ビネガー（ワインビネガー、米酢、レモン汁など）　各適量

作り方

① 平鍋にクスクスを入れて、浸るぐらいの熱湯を注ぎます。ふたをしてしばらくおき（10〜15分）、蒸らします。

② ①のクスクスにオリーブオイルを大さじ3ぐらい回しかけて、弱火にかけ、へらで混ぜてパラパラにします。オイルが足りなければ足して、クスクスをパラパラにするのがおいしく作るコツです。

③ ハーブは手で食べやすくちぎり、茎はかたいので包丁で細かく刻みます。

④ 玉ねぎは薄切りにして、辛みが気になるときは水で洗います。セロリは細かく切るか薄切りに。ミニトマトは半分に切ります。

クスクスのサラダ

⑤ 大きなボウルに②のクスクス、水けをきったひよこ豆、③のハーブ、④の野菜を全部入れます。好みのスパイス(ホールでもパウダーでも)を加え、赤唐がらしをちぎって入れます(辛いのがお好きなら種が入ったままでOK)。オリーブオイル、塩、こしょうを加えてよく混ぜます。味をみながら、調味料やスパイスの量を加減してください。

⑥ 最後にビネガーを加えてあえます。ビネガーを入れて時間をおくとハーブの色が変わってしまうので、それで最後に入れるわけです。

●このサラダには、何を入れなければいけないという決まりはなし。どんなハーブを入れてもいいし、ハーブとクスクスの量のバランスもお好みでどうぞ。クスクスをグッと減らして、ハーブや野菜ばかりのサラダにしたってかまいません。

●野菜も、きゅうりでもレタスでも、ゆでたさやいんげんでもズッキーニでも、好きなものを入れてください。肉や魚介の入らないベジタリアンなサラダですが、ひとが集まるときに作ると大好評で、たくさん作っても、いつもきれいになくなってしまうんです。

ハーブはワイルドに使う。

ハーブの使い方がみなさんはお上品すぎかな？　お皿にちょっと添えたり、仕上げにぱらりと散らすだけだったり、〝料理のアクセント〟的な使い方にとどまっていませんか？　だから1パックが使いきれなくて、しおらせてしまうんです。

そもそもハーブは包丁で切るものではありません。手でちぎる、しごく、むしる。豪快に扱ったほうが香りが立って断然おいしい。香り＝おいしさです。特にバジリコなんて、手でちぎるに限ります。

ハーブはもともとエルベ・カンパニョーラといい、野原や山に自生しているものです。野原に生えている香りのよい葉っぱを採ってきて、ちぎって、煮込みの鍋に放り込んだり、サラダのボウルに入れたりする。そんなワイルドな感覚で使ってこそ、ハーブは生きます。

イタリアの田舎の肉屋で肉を買うと、「ちょっと待ってて」とフェンネルをその辺からちぎって一緒に包んでくれたりします。ですから、わたしもベランダのプランターにいろいろなハーブを植えていて、いったい日に何回摘みに行くかしら。料理中にふと「欲しいな」と思って、ベランダへ摘みに出ていくわたしの姿を、うちにいらしたお客様は何度も目撃しているはず。

魚をマリネするとき（P92）、肉をローストしたり（P103）、豆をゆでるとき（P78）の風味づけに、ハーブは欠かせません。使うと、とたんにおしゃれな味になります。

野菜としてハーブを食べることもよくします。レタスなどの葉野菜と一緒にハーブをサラダにすることはもちろん、細かくちぎってクスクスやお米のサラダに混ぜ込んだりも。〝香りのよい野菜〟と思って、もっと気軽に自由に大胆に使っていいと思うのです。

グリーンソース

このソースはとっても便利。ゆでたお肉にかけてもよし（P106）、焼いた魚にかけてもよし、ゆでたひよこ豆にかけてもおいしい。蒸し野菜にも合いますし、パスタのソースにもなります。

トマトソースのパスタやトマトソースの煮込み料理に、この緑のソースをスプーンでポンポンとたらすと、赤×緑で色も可愛らしく、味的にも香り的にもとてもよく合います。ぜひお試しください。

ローズマリーのようなかたいものは向きませんが、生で食べられるやわらかさのハーブでしたら、どんなものもソースにしてOK。単品でもいいですし、数種類を組み合わせてもいいのです。一気にたくさん使えるので、ハーブが残っているときにもおすすめです。

材料（作りやすい分量）

ディル、フェンネル、イタリアンパセリ、ルッコラ、バジルなどのハーブ　2つかみぐらい
にんにく　1かけ
塩、こしょう　各少々
オリーブオイル　大さじ3〜4

作り方

① ハーブは茎ごと適当な長さに切って、フードプロセッサー（ミキサーやバーミックスでも）に入れます。

② にんにく、塩、こしょう、オリーブオイルを加えて攪拌します。途中で止めて、まわりについたハーブを落とし、オリーブオイルを足してさらに攪拌します。

●塩はお好みで。フードプロセッサーで作ると、ハーブの形状が少し残った、ざっくりとしたソースになります。ミキサーやバーミックスで作ると、とろんとなめらかなソースになります。

グリーンソースの緑のサラダ

グリーンソースの緑のサラダ

野菜をゆでてグリーンソースであえるだけで、素敵な香りのサラダができます。アスパラガス、さやいんげん、ブロッコリー、キャベツ、じゃが芋、大豆やひよこ豆……何でもおいしいです。

材料（2人分）

アスパラガス　大3本
さやいんげん　6本
グリーンソース　適量

作り方

① アスパラガスは根元のかたい部分を削り、コリッとした食感が残るようにゆで、さやいんげんも食感よくゆでます。ゆで上がったら角ざるに上げて、風を当てて冷まします。水っぽくなって風味が落ちてしまうので、わたしはゆでた野菜を水では冷ましません。

② アスパラガス、いんげんを器に合わせた長さに切ります。ボウルに入れ、グリーンソースであえて器に盛りつけます。

ハーブティー

ベランダのプランターに、いったい何種類のハーブや野菜があるのか、自分でももうわかりません。陽当たりがよく、風も通るせいか、都心でもよく育ってくれます。

「食べられるものばかりですね」とひとに笑われるのは、可愛らしい花をつけているものも観賞用の草花ではなく、花がつくほどに成長したセロリやバジリコだったりするから。

わが家のベランダは庭なのです。ちょっと庭にハーブを摘みに行く感覚で、ベランダガーデンを愛用しています。

料理に使うほか、ハーブティーでも味わいます。いろいろな種類のミントや、ベルガモットやベルベーヌ。そのときに生えているハーブを摘んできて、ちぎってポットに入れ、沸騰したお湯をドクドクと注ぐ。ふたをして少しおき、うっすらとしたグリーンになれば飲み頃です。自家製のハーブティーは、うっとりする素晴らしい香り(手前みそでしょうか)。摘みたてのフレッシュなものでも、少し乾燥させてドライにしたハーブでもおいしいです。

フランス料理店でも食後にハーブティーを注文すると、いろいろな種類のフレッシュなハーブをたっぷりとワゴンにのせて運んできて、好みを聞いてくれる店があります。ハーブがあるというだけで、テーブルが豊かな場所になり、豊かな時間が生まれる気がします。

手は最高の道具です

●ハーブは手でちぎると香りや風味が違いますが、野菜もそうです。レタスなどの葉野菜は金けを嫌うので、手でちぎってサラダにしたほうが断然おいしいです。

●ピーマンもトマトも包丁で切るばかりでなく、手で割ってみてください。いつものピーマン炒めも、手で割ったピーマンで作れば新しい味がします。いつものスープも、手でつぶしたトマトが入っているだけで、なんだかおしゃれな味わいです。大根、ごぼう、きゅうりは、バンッとめん棒や瓶などでたたいて、それからバリバリと手で割って調理してみましょう。

●ちぎったり、裂いたり、割ったりすると、素材の繊維が壊れるので味が染みやすく、見た目も食感も新鮮です。たとえばローストした鶏を手で大きく裂いて、木のボードなどに盛るとかっこいい。発想を変えて、もっと、料理に「手」を使うといいのです。包丁を使わないレシピはたくさんあります。

2 まとめ仕事のすすめ

「すぐ食べられる」ための7つのまとめ仕事。

料理は一から始めようとすると大変です。自分で料理を作って、からだにいいものを食べているひとは、たいてい〝まとめ仕事〟をしているはずなんです。だしやスープをとって冷凍しておいたり、自家製のトマトソースが常備してあったり。塩もみした野菜やマリネなど、手作りの半加工品が冷蔵庫にあるのもそう。

かつお節の袋の封の切りたてを1袋全部使って、香り高いだしをたっぷりとる。買ってきたキャベツの大玉を、新鮮なうちに塩もみしておく。トマトのおいしい旬の時期に、トマトソースをせっせと作っておく……。素材が一番新鮮なときに〝まとめ仕事〟をして、冷凍庫や冷蔵庫に保存することを、わたしはもうずっと習慣にしています。

だしやスープをとる手間は、1回分でも数回分でも同じ。トマトソースやおかゆや豆を煮る時間は、1回分でも数回分でも変わりません。それならばまとめて多めに作り、保存することを考えたほうが賢いと思うのです。疲れて帰ってきたとき、買い物に出たくないときでも、〝まとめ仕事〟の食品が冷凍庫や冷蔵庫にあれば、たいてい何かしら食べられます。それも自分で作っているから安心で、混じりけのないきれいな味のものです。

料理を一から始めようとすれば億劫だから、つい、市販の便利な食品に頼りたくなります。それでどんどん食生活が悪い方向へ行ってしまう。〝まとめ仕事〟は特別に面倒なことでも、難しいことでもありません。ここをやっておくかどうかが分かれ道です。

まず大事なのは、かつおだしをとること。

素性のわかるものを食べていれば、健康でいられると思っています。何でできているのかわからないものは、口に(からだに)入れたくないのです。

だしなら、自分でとるに限ります。ひとり、ふたりならインスタントや市販品で手軽にすませればいい――という考えも世の中にはあるかもしれません。しかし素材を厳選していると謳っているものでも、市販品は市販品。日保ちさせるため、万人に好まれる味にするために、何らかの加工がなされているはず。水と自然の素材を使って自分でとるだしの、澄んだきれいな味や安心性にはかないっこないのです。

日本の食事において、まず基本となるのはかつおだしです。

かつお節だけでも、昆布とかつお節の組み合わせでもいいです。わたしは一度にまとめてたっぷりとり、小さな保存容器に分けて冷凍しています。そうすれば、ひとりの食事でもいつでもおいしいおみそ汁がいただけます。煮物や麺類もサッと作れます。

だしのとり方にもさまざまありますが、わたしは母がやっていたとり方に準じています(詳しくはP66で紹介します)。母は箸が立つほどのたっぷりのかつお節を使って、ふだんの食事のだしをとっていました。ただの菜っ葉も、おいしいだしで煮れば、家族にとって忘れられない味になる……そのことを知っていたからだと思います。

かつお節について

かつお節は、築地でその日に削りたてのものを送ってもらっています(★築地魚河岸やっちゃば倶楽部)。かつお節が届くと、すぐにすべて使って、たっぷりのだしをとります。本当は削りたてでその都度だしをとるのが一番です。でも料亭でもないと、毎日削りたてを入手するのは難しい。なので使う分より少し多めに届けてもらい、その日のうちにすべて使ってだしをとり、残った分を冷凍にして使い、使いきったら次をとる、という風にしています。

最初の一口目

だしをとったら、まずは何も加えずにそのまま一口、二口、味わってみてください。わたしはいつもこれをします。まわりに誰かがいたら、そのひとにも「ちょっと飲んでみて」とスプーンを渡します。だしの繊細なおいしさ、それを味わう感性があるからこそ、日本のひとはいろいろな分野において、繊細でていねいな仕事をしてこられたのではないでしょうか。自分の味覚(アイデンティティ?)を確かめるためにも、「一口目のだし」は欠かせない習慣です。

だしをとったその日は……

「おいしいだしがあるからこそ」の料理をいただきます。すまし汁、青菜の煮浸し、里芋の煮ころがし、茶碗蒸し、ほうれんそうと豚肉の鍋(かつおだし+酒+しょうゆ)。それに、炊きたてのご飯にごま、のり、おろしわさびをのせて、おすまし程度のだし（かつおだし＋塩＋しょうゆ）をかける汁かけご飯……。どれもだしの味が決め手です。

だしをとった日のまとめ仕事

その日に使わない分のだしを、粗熱がとれてから小分けにして冷蔵庫に入れます。また、かつおだしをとったら、めんつゆ（P68）とポン酢（P70）も一緒に作ります。

冷凍庫のストックだしは……

ストックだしは、ひとり、ふたりの食事の心身の支えです。買い物に出たくないときも、鍋にだしを入れて温めて、油揚げとか小松菜とか大根とか、あるものを適当に入れてサッと煮れば、具だくさんのおつゆができる。しょうゆ味でけんちん風にしても、みそ仕立てにしてもおいしいです。そこにたんぱく質系のものが欲しければ、鶏のささ身を入れるとか豆腐をちょっとくずして入れるとか、冬だったらあんで軽くとじてみたりとか。だし自体がおいしいので、簡単な汁物もいいお味で、これ一杯で満足感のある〝食事〟です。

煮物、炊き込みご飯、雑炊、麺類……ストックだしがあれば本当に怖いものなしです。

かつおだしのうどん

かつおだしのうどん

おいしいだしをとったら、まず食べたいのは具の何もないうどんです。薬味の青ねぎだけ散らしたような。本当にわたしひとりなら、だしのおいしさのみでしみじみ味わいます。この場合は油揚げ入りなので、私にとってはちょっとしたごちそううどんです。

材料（1人分）

［つゆ］

かつおだし（とり方はP66）　350㎖

しょうゆ　小さじ1/3

塩　少々

うどん　1人分

★冷凍なら1玉、乾麺なら85〜90g

油揚げ、おろししょうが　各適量

作り方

① 鍋にかつおだしを入れて温め、しょうゆ、塩で調味します。

② 別の鍋にたっぷりの湯を沸かして、うどんをゆでます。

③ うどんの水けをきって器に盛り、つゆを注ぎます。油抜きした油揚げは、だしで少し煮てうどんにのせ、しょうがをのせます。

★築地魚河岸やっちゃば倶楽部

✆0800-666-1770（フリーコール）

http://www.y-marche.com/

まとめ仕事１

かつおだしをたっぷりとる。

かつおだし

かつお節だけでとってもよいですし、昆布を加えても。後者はより深い味わいになります。かつおだしは、いぶしたかつお節でとりますので、ちょっと酸味があるのが持ち味です。血合い抜きのかつお節は、すまし汁などの上等のだしをとるときに。血合い入りのかつお節は、煮物やうどんのつゆなどに向きます。血合い抜きと血合い入り、半々ずつ混ぜて使ってもよいです。

材料（カップ10分）

かつお節　100g

昆布15〜20cm

水　カップ12

だしのとり方

① 大鍋に分量の水と昆布を入れて、できれば冷蔵庫に一晩おきます。一晩おいた場合は、火にかける前に昆布を取り出します。そうでない場合は、昆布が水の中でしっかり広がってから弱火にかけ、60℃を保ってしばらく煮出して（絶対に煮立たせない）昆布を取り出します。と

だしがらもおいしい

●おせちを作るときに、昆布のだしがらが大量に出ます。かじってみると、まだおいしい味があるのです。それで作るようになった、だしがら昆布のあえ物がとても好評。酒の肴にも、白いご飯にも合います。

●だしがら昆布を4cmほどの長さの細切りにします。皮をむいたにんじん、しょうが、長ねぎの白い部分も4cm長さの細切りにします。以上をしょうゆ、豆《トウ》板醤《バンジャン》、ごま油であえればできあがり。

にかく静かに煮出して。

② かつお節を入れてすぐに火を止めます。菜箸などでかつお節を少しずつ湯の中に沈め、やがて完全に沈めます。

③ そのまま7～10分おきます。味をみて、湯の味がだしの味に変わっていればOK。まだの場合は、さらにそのまま2～3分おきます。

④ ボウルにざる（P23の浅型ざるや盆ざる）をのせ、濡らしてかたく絞ったさらしのふきん（P73）を広げて③をふきんの上にあけます。ふきんでかつお節を軽く包み、そのままおいて、だしが自然に落ちるのを待ちます。

●冷凍保存する場合は、だしの粗熱がとれてから。1回分ずつ小分けにして保存容器に入れ、「かつおだし」と書いておきます。だしやスープは、冷凍すると中身が判別できなくなりますから、面倒でもラベルを貼ってください。

●だしのとり方について、追加の説明です。

昆布は時間をかけて水からゆっくりと味を出し、絶対に煮立たせないこと。煮立たせると昆布のぬめりが出てしまいます。かつお節を入れたらすぐに火を止めるのも、グツグツ煮立たせると、雑味やえぐみが出てしまうから。また、かつお節を一度に沈めようとすると、かつお節が固まってしまい、中まで水分が行き渡りません。ですから少しずつ、菜箸やトングで沈めていきます。

●だしがらをこすさらしのふきんは、水で濡らして絞ってから使います。乾いたままだとせっかくのおいしいだしをふきんが吸い取ってしまうから。かつお節を包んだらさらしのふきんは、お吸い物でなければ軽く押すようにして絞ってもOK。

●かつお節だけでだしをとるときは、分量の水を火にかけて、煮立つ直前にかつお節を入れ、あとは昆布を加えたときと同様にします。

まとめ仕事 2

かつおだしでめんつゆを作る。

めんつゆ

かつおだしをとったら、めんつゆとポン酢も作ります。密閉容器や清潔な空き瓶に入れれば、冷蔵庫で1週間ぐらい保存できます。

自家製のめんつゆは、何しろだしの風味が際立っています。くせがなく、すっきりとしていて、後味がよいものです。やや濃いめに作っておくと、必要に応じてだしでのばして使えるので、とても重宝します（水ではなく、だしを加えるのがおいしく食べるコツ）。

そば、うどん、そうめんのつけ汁にはそのままで。市販の練りごまをめんつゆでのばして、冷たいごまだれうどんもおいしい。逆に温かい麺類が食べたいときは、だしを加えて好みの濃さにすればよいのです。

天つゆ、親子丼やカツ丼などのどんぶり物にはそのまま使えます。豆腐やきのこなどをめんつゆでサッと煮るだけでも、簡単なおかずができる。冷蔵庫のめんつゆは、ひとり、ふたりの食生活に大変役立ちます。

材料（割合）

かつおだし　4
みりん（煮きったもの）　1
しょうゆ　1

作り方

① 鍋にみりんを入れて沸騰させ、アルコール分をとばします。

② しょうゆ、だしを順に加えて軽く煮立たせます。冷めてから保存容器に移し、冷蔵庫で保存します。

●この割合で甘すぎると感じたら、みりんを減らして、その分、酒を加えます。もう少ししょっぱいほうがいいと感じたら、しょうゆを足すのではなく、塩を加えてください。わたしも季節やそのときの気分によって、めんつゆの味を調整して楽しんでいます。

野菜の揚げ浸し

野菜の揚げ浸し

大好きな夏のわが家の定番料理。野菜を素揚げにして、めんつゆに浸すだけですが、野菜の甘さがたまりません。色合いも楽しく、おもてなしでも満足感があって、野菜だけもいいのです。このおつゆで一緒にそうめんを食べてもおいしいですよ。わたしはどういうわけか子どもの頃から谷中しょうがが好きで、甘いかぼちゃもあれば、ピリッとするしょうがもある、というバランスが気に入っています。

材料（2〜3人分）

かぼちゃ　1/4個
さやいんげん　10本ぐらい
谷中しょうが　1束
なす　3本
みょうが　5個
青じそ　10枚ぐらい
めんつゆ　カップ3
揚げ油　適量

作り方

① 香味野菜を下ごしらえします。みょうが3個は小口切りに、青じそはせん切りにして、それぞれ氷水につけます。

② かぼちゃは種とわたを除き、2cmほどの厚さのくし形に切ります。さやいんげんはへたを手でちぎります。みょうが2個は縦半分に切ります。谷中しょうがは茎を適当な長さに食べやすく切ります。なすは切ってすぐに揚げればアク抜きの必要がないので、揚げる寸前に切ります。

③ かたわらに、めんつゆをたっぷり入れた鉢（器）を用意します。野菜を順番に素揚げにして、網にのせて油をきったら、熱いうちにめんつゆに浸していきます。最初にかぼちゃを。揚げ油がぬるいうちに入れ、ゆっくり揚げて中まで火を通し、油をきってめんつゆに浸します。

④ 油が中温（菜箸を入れたとき、箸の先から泡がしゅわしゅわと出るくらいの温度）になったら、いんげん、みょうが、谷中しょうがを1種類ずつ色よく揚げて、めんつゆに浸します。

⑤ なすはへたを落とし、縦に斜めに切ります。皮側から油に入れて揚げ、めんつゆに浸します。

⑥ ①の香味野菜の水けをしっかりきって、⑤に天盛りにします。

● ピーマンやパプリカ、しし唐などが入ってもおいしいです。油の温度が下がらないように、野菜は少量ずつ揚げます。

まとめ仕事3

かつおだしでポン酢を作る。

ポン酢

ポン酢も家で作れることをご存じでしょうか。余分な混じりけのないピュアな味を知ったら、もう市販品は食べたくなくなるかもしれません。本物の、そもそもの味を知っていただきたいです。

作り方はいたって簡単。かつおだし、かぼすの搾り汁、しょうゆを混ぜるだけです。かぼすの代わりに、すだち、ゆず、レモンなどの柑橘で作ってもよいです。

鍋物にはもちろん、和のサラダやあえ物にかけたり、ゆで野菜にかけたり。ごま油を加えて、中華風のドレッシングにすることもできます。

もちろん保存料など使いませんから、冷蔵庫に入れて1週間を目安に使いきります。それ以上保存したいときは冷凍を。わたしはかぼすで作る自家製ポン酢が好きなので、かぼすの季節にたくさん作って冷凍しています。

材料（割合）

かつおだし　2
かぼすの搾り汁　2
しょうゆ　1

作り方

かつおだし、かぼすの搾り汁、しょうゆを混ぜます。だしとかぼすの搾り汁は同量ですが、見た目でだいたい同じぐらいならよいのです。酸っぱくしたければ、かぼすを多めにしてもかまいません。

青菜と豚肉のポン酢がけ

昼はたいてい、仕事で作った料理をわりとバランスよく食べますので、家に帰ってひとりの夕食は軽めにすませることがほとんどです。3章に詳しく書きましたが、「その日に食べていないもの」「足りないもの」を夕食で補う感じです。

青い野菜が足りていないな、ビタミンAやCをからだが欲しているな、と感じたら（感じるのです。ち

青菜と豚肉のポン酢がけ

やんと食べていればからだの声が聞こえます）、ほうれんそうをサッとゆで、豚の薄切り肉もゆでて、ポン酢で食べます。実際、こういう日がかなり多いんです。ゆでキャベツ、ゆでアスパラ、ゆでにんじんにもポン酢がよく合います。もちろん、蒸しなすにも、サッと炒めたピーマンやもやしにも。

自家製のポン酢はやさしい味なので、油が入らないヘルシーなドレッシングやたれの感覚で、どしどし使えるのがいいところ。これがあれば野菜不足にはならないはずです。

材料（1人分）

ほうれんそう　$\frac{1}{2}$束
豚しゃぶしゃぶ用肉　お好きなだけ
ポン酢　適量
七味唐がらし　適宜

作り方

① ほうれんそうは根元に十字に切り目を入れて、ゆでる寸前まで冷水につけておきます。

② 鍋に湯を沸かし、ほうれんそうを色よくゆでて、ざるに上げて冷まします。次に湯を少し冷まして、80℃ぐらいになったら豚肉をゆで、色が変わったら引き上げて水けをきります。

③ 食べやすく切ったほうれんそうと豚肉を器に盛り、ポン酢をかけていただきます。七味唐がらしはお好みで。

まとめ仕事 4

煮干しを水だしにする。

煮干しのだし

煮干しのだしが好きです。みそ汁にはこれがおいしい。うどんも、徳島でたらいうどんを食べて以来、煮干しのだしで作る薄い色のおつゆが好きになりました（四国のうどんは、あごだしや煮干しのだしでした）。

煮干しのだしは、水だしに限ります。煮出すと、とたんに魚の味が強くなります。その点、煮干しを水につけておくだけの「水だし」は甘みがあって、澄んですっきりとしたとても上品な味わいです。

煮干しを水につけて冷蔵庫に一晩入れておくだけですから、とるのも簡単。その日に使わなければ、翌日でも、つまり二晩ぐらいは冷蔵庫に入れっぱなしで大丈夫です。

煮干しのだしも、味をつける前にまずは一口味わってみます。そばに誰かいれば「飲んでみる？」とスプーンを渡してすすめます。「わあ、おいしい。これが煮干しのだしですか？」とたいてい驚かれます。

煮出さないこと、それから、おいしい煮干しをたっぷり使うことがポイントです。普通よりも煮干しがだいぶ多めかもしれませんが、ぜひこの分量でとってみてください。「煮干しのだしって、こんなにきれいな味なんだ」と、おいしさにあらためて気づいていただけると思います。

このだしも一度にまとめてとり、小分けにして冷凍保存しています。

材料（約カップ5分）

煮干し　90g

水　カップ5

だしのとり方

① 煮干しは頭を取ります。頭の中の黒い部分を取り除いて、頭も使います。次に身を二つに裂いて、黒いはらわたを取り除きます（頭を取ると、身の中の黒いはらわたまで一緒に抜けることがあります）。使うのは、黒い部分を取り除いた「頭」と、はらわたを取り除いた「身」です。

② 分量の水に煮干しをつけて、冷蔵庫に一晩入れます。

③ ボウルにざるをのせ、その上にかたく絞ったさらしのふきんを広げて、②をこします。

●煮干しは食べてもおいしいものを使います。開封後は冷蔵庫で保存しますが、酸化しやすいので、なるべく早く使いきりたいもの。少人数の家庭なら小さめの袋を買って、数回で使いきるようにします。

煮干しのだしのうどん

煮干しのだしのうどん

だしをとったら、シンプルなうどんで味わいたい。だしの甘みが引き立つように、塩と、ほんの数滴たらす程度のしょうゆの味つけで。かつおだしとはまた違うおいしさです。

材料（1人分）

［つゆ］

煮干しのだし　350㎖

塩　小さじ⅓

しょうゆ　適量

うどん　1人分

★冷凍なら1玉、乾麺なら85〜90g

鶏のささ身（酒蒸しにしたもの）、青ねぎの小口切り、七味唐がらし　各適宜

作り方

① 鍋に煮干しのだしを入れて温め、塩、しょうゆで調味します。

② 別の鍋にたっぷりの湯を沸かして、うどんをゆでます。

③ うどんの水けをきって器に盛り、つゆを注ぎます。ささ身をのせ、青ねぎを散らし、好みで七味唐がらしをふっていただきます。

●具は好みのものをあらかじめ用意しておきます。酒をふって蒸したささ身は食べやすくそぎ切りに。青ねぎはできるだけ細かく刻みます。

さらしのふきん

だしをこすときの必需品。丈夫でしなやかなので、塩もみしたきゅうりや玉ねぎの水けをギュッと絞るとき、これでないとうまくいきません。炊きたてのご飯を移したおひつのふたにも、さらしのふきんをかませておきます。ご飯から上がる蒸気をふきんが吸ってくれるので、ご飯がべちゃっとなりません。

昔ながらのさらしのふきんは、ほかに代えようのない大切な道具。キッチンのすぐ手の届く場所に常備しています。さらしはネットでも購入できます。反物になっているのを、好きな大きさに切って使います。

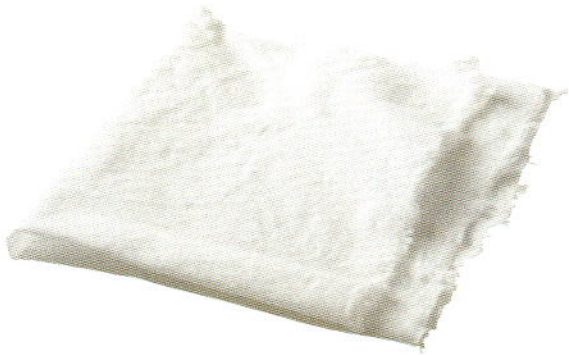

まとめ仕事5

トマトを煮てソースを作る。

トマトソース

トマトソースは水煮缶でも作れますが、わたしは生のトマトでもよく作ります。ただし、日本の大きなトマトは生でかぶりつくとジューシーでおいしいですが、ソースには不向き。小ぶりの完熟トマトや、ミニトマトがソース作りには向くのです。

夏に道の駅や産地直送の直売店などで、うまみが濃くて、しっかりとした味の完熟トマトを見つけたら、たくさん買い込んでトマトソースを作りましょう。そうでない時期でしたら、ミニトマトで。大きなトマトよりもミニトマトのほうが香りやうまみがつまっていて、皮が多くなるのでコクもでるため、トマトソース作りに適しています。

トマトソースはそれだけでパスタのソースやミートソースのベースにもなりますし、シチューやパエリアなどにも使え、作っておくと本当に便利。わたしにはなくてはならない基本のソースです。

ある日のことです。信州・野尻湖にある山の家に娘の子どもたちが遊びに来て。たまたま買い物に行く時間がなく、食材がほとんど何もなかったのですが、「あ、でも、冷凍庫にトマトソースがあるわよ」と。それでシンプルなトマトソースだけのパスタと、キャベツなど少しあった野菜でサラダを作って、「はい、ごはんにしましょう」。

本当にこれだけで充分。市販品のソースでは味気なく感じられるかもしれないけれど、〝わが家のおいしいトマトソース〟なら、心身ともに満足できる食事になってくれます。

材料（作りやすい分量）

ミニトマト　4パック
★または旬の完熟トマト10個ぐらい
にんにく　2かけ
オリーブオイル　大さじ2
塩　少々

作り方

① ミニトマトはへたを除きます。大きいトマトを使う場合は、へたを除いて粗く刻みます。にんにくは包丁の腹でつぶします。

② 鍋にオリーブオイルとにんにくを入れて弱火で熱し、香りが立ったらトマトを加えて、ふたをして弱火でグツグツと煮込みます。時間をかけてゆっくり煮込んだほうが、トマトの甘みが引き出されます。

③ トマトがとろりと煮くずれたら、ふたをとって水分を少しとばします。へらで鍋底をこすると筋ができるぐらいまで煮詰め、塩を加えて薄めに味つけします。皮ごとのソースでもいいですし、皮を取り除きたければ裏ごし器にかけても。皮ごと煮てバーミックスなどでなめらかにすると濃厚で美味です。冷めたら、保存容器やフリーザーバッグに入れて冷凍します。

トマトソース

トマトソースのパスタ

トマトソースのパスタ

トマトソースは塩味がごく薄いほうが、野菜本来のうまみや甘みが感じられます。そのかわりにパスタのゆで湯に塩を利かせ、パスタに塩味をまとわせる。これがおいしさの鍵。

材料（1人分）

トマトソース　カップ1/2
好みのショートパスタ　80〜100g
湯　カップ10
塩　大さじ1/2強〜大さじ1
パルミジャーノ　適量
バジリコ　適宜

作り方

① 鍋にトマトソースを入れて温めます。冷凍していたソースなら、使う前に冷蔵庫に移すか室温に少しおき、ソースを鍋に移して、弱めの火でゆっくり温めます。

② パスタをゆでます。100gにつき1ℓの湯を沸かして、沸騰したところに大さじ1/2強から大さじ1の塩を入れてゆでるのが基本です。湯に入れたら、すぐにかき混ぜるとパスタどうしがくっつきません。ふきこぼれない程度の火加減で、袋の表示よりも2分ぐらい早いアルデンテで引き上げます。

③ パスタを①の鍋に加えて、弱火にかけながらソースをしっかりからめます。この余熱でパスタに火が入るので、表示よりも早く湯から引き上げるわけです。

④ 器に盛り、パルミジャーノを好きなだけ削ってかけます（ソースをからめるときに加えても濃厚で美味）。あればバジリコをぜひ添えて。トマトソースにとても合います。

保存容器は風に当てて

●食品の保存によく使うのは、しっかりと口が閉まるコンテナタイプの保存容器です。使ったあとはふたの溝までよく洗い、ふきんで拭いてから、ベランダなどで風に当てて乾かします。こうしておくと、容器についたにおいがちゃんととれます。すぐにどこかにしまい込むとにおいがこもってしまうので、「風に当ててから」がおすすめです。

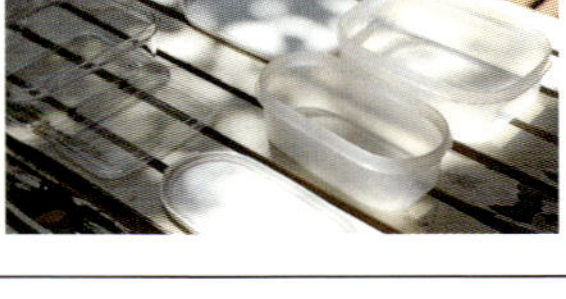

まとめ仕事6

おかゆを炊いて冷凍する。

白がゆ

白がゆ

ずいぶん前から、夕食を軽くすませるようになりました。夜に重い食事をすると目覚めがよくないですし、からだがなんだか、どんよりとしている気がします。それに翌日の朝食をおいしく食べられません。一日を気持ちよく始めるためにも、体調や体型をととのえるためにも、ごく軽い夕食がよいことをつくづく実感しています。

わたしは昼間、仕事で料理をたくさん作り、試食をかねてスタッフみんなでそれを食べる日が多いのです。だから家に帰った夜は、何も食べなくてもいいくらいなのだけれど……でも、何かおなかに入れないと落ち着かない(っていうこと、ありませんか?)。「なんかちょっと食べたい。でも、あまりたくさんは食べられない」という感じ。

そういうときによいのがおかゆ。おかゆは炊くのに時間がかかるし、一度にたくさんできますので、炊いたら1回分ずつ、小さめの容器に入れて冷凍します。こうしておけば、冷凍庫から出して、お湯をちょっとさして、ほんの一瞬煮るだけで、いつでも白がゆが食べられます。外食続きで食生活をリセットしたいときや、お酒を飲んだあとのシメのごはんにも重宝します。

材料(作りやすい分量)

米　カップ1

水　カップ8

作り方

① 米は炊く30分前にといで、ざるに上げておきます。

② 土鍋に米と分量の水(米の8倍量)を入れてふたをし、強火にかけます。

③ 煮立ってきたら、底のほうから一度かき混ぜて、再度ふたをして弱火で炊きます。静かな火でコトコトと、40分ぐらいでしょうか。一粒食べてみて、芯までやわらかく炊き上がっていれば完成です。

しじみのにんにく炒め

瓶詰のおかず

おかゆを食べるときには、冷蔵庫から"瓶詰のおかず"を出してきます。数日間は保存が利く、細々としたおかずをガラス瓶に入れて、自宅の冷蔵庫に常備することはもう長年の習慣です。おかゆと瓶詰のおかずのセットが、たびたび夕食になりますし、体調や食事のリズムをととのえたいときにも、もちろん朝食にもうってつけです。

たくあんを切ったもの、しば漬け、とろろ昆布、ひき肉をカリカリに炒めてにんにくとしょうゆで味つけしたもの、なすとピーマンのみそ炒め、焼き鮭や焼きたらこをフレーク状にほぐしたもの、小松菜や大根菜の塩もみ、ふきの葉やセロリの葉のふりかけ(P16)、にんじんの葉の切りあえ(P19)、素揚げにして塩をまぶしたピーナッツ……。

瓶の中身はそのときどきで変わりますが、赤いふたつきなどのガラス瓶に入れているのがミソで、こうしておくと中身が見えやすく、見栄えも悪くないので瓶のまま食卓に出せるのがいいのです。

しじみのにんにく炒め

瓶詰のおかずの一品です。しじみをにんにくで炒める台湾の料理がヒント。おかゆに、しじみの汁をかけて食べると最高においしい。冷蔵庫で3日ぐらい保ちます。

材料(作りやすい分量)

しじみ　1パック
にんにくのみじん切り　1かけ分
赤唐がらしのみじん切り　1〜2本分
ごま油　大さじ1
酒　大さじ1
しょうゆ　適量

作り方

① しじみは殻と殻をこすり合わせてよく洗い、塩水につけて砂出しをします。

② フライパンを熱してごま油をひき、にんにく、赤唐がらし、しょうゆ、しじみを入れて酒をふります。

③ ふたをして強めの火で蒸し煮にし、しじみの口が開いたらできあがりです。

●日本のおいしいしじみで作ると、貝からだしがたくさん出て、本当においしいです。酒の肴にも最高。もちろん、あさりの季節にはあさりで作ってもよいです。

まとめ仕事7

豆をゆでて冷凍する。

ゆでひよこ豆

ゆでひよこ豆

水に一晩つけなければならないし、ゆでるのに時間がかかるから、という理由で豆を食べる回数が減っていくとしたら、もったいないこと。豆には、たんぱく質やカルシウムなどの栄養がギュッと詰まっています。それに家でゆでた豆は、缶詰とは比較にならないくらいおいしい。毎日の食事に上手に取り入れなければ損をします。

乾物は長く保存できるといっても、やはり新鮮なものを買い求めて、早く使いきりたいもの。

ほかの乾物同様、わたしは豆も、袋の封を切ったら全量を使いきります。といっても、そのときにすべて食べるのではなく、もどしたり、ゆでたりして、調理をした状態で、冷蔵庫や冷凍庫で保存し、数回で食べきるようにしています。

わたしが常用するのは、ひよこ豆です。プロテインの宝庫といえば日本では大豆ですが、ヨーロッパではひよこ豆(ガルバンゾ)。ほっくりとして、サラダにもスープにもパスタにも、ひき肉とともにカレーなどにしてもよく、食べ方はそれこそ無尽蔵。ゆでたひよこ豆を玄米に混ぜて食べるのもとてもおいしいです。鍋でパラリと炊いた玄米とひよこ豆を半々ぐらいずつ混ぜて、野菜などを加えたサラダは、それだけで栄養的にパーフェクトな料理。夕食はこの一皿で終わり、という日もあるくらい。

豆は、ちょっと噛みしめて食べられるくらいが好みです。圧力鍋を使うとどうしてもやわらかくなりすぎるので、鍋でコトコトとゆでます。保存は必ずゆで汁につけた状態で。何回かに分けていろいろに食べられるように、小分けにして冷凍しておきます。

材料

ひよこ豆　1袋
セージ　適宜

ゆで方

① 豆はたっぷりの水に一晩から二晩つけます。
② 水を替えて、鍋に豆とたっぷりの水を入れ、強火にかけます。
③ 沸いたらアクをとり、あれば、そしてお好きならばセージの枝を加えて、弱火でおよそ1時間、豆がやわらかくなるまでゆでます。

ひよこ豆のパスタ

◎ゆで汁につけたまま冷ましたら、ゆで汁ごと保存容器に入れ、空気をよく抜いて冷凍します。豆だけで保存するとカサカサになって風味がよくないので、必ずゆで汁につかっている状態にします。

◎豆にはハーブの香りがとてもよく合うので、イタリアではセージやローリエを加えてゆでます。

ひよこ豆のパスタ

これはぜひ、耳たぶの形のオレキエッテで作ってください。パスタの凹みに豆がのっかって一緒に食べやすいですし、もっちりとした食感がひよこ豆にとてもよく合います。豆がほんのり甘く、イタリアのお母さんが作る素朴なごはんを思わせる、ひたすらやさしい味です。

材料（2人分）

ゆでひよこ豆　カップ1
　ゆで汁　大さじ3ぐらい
オレキエッテ　100g
水　2ℓ
　塩　大さじ1強
にんにく　½かけ
セージ　3〜4枚
オリーブオイル　大さじ3
塩　少々
黒こしょう　適宜

作り方

① 鍋に分量の水を沸かし、沸騰したら塩を入れて、オレキエッテをゆで始めます。

② フライパンにオリーブオイル大さじ2をひき、つぶしたにんにくを弱火で熱します。ひよこ豆をゆで汁ごと入れ、セージを加えて温め、軽く塩をふってうっすらと塩味をつけます。

③ オレキエッテを袋の表示より1分ぐらい早く引き上げて、②のフライパンに加えます。そして、豆のゆで汁とオリーブオイルの汁の中で、少し煮る感じにします。パスタは普通、芯が残るアルデンテに仕上げますが、この料理の場合はややわらかめのほうがおいしい。

④ 少し汁けが残るくらいで器に盛り、好みで黒こしょうをふって、仕上げにオリーブオイル大さじ1を回しかけます。スプーンですくっていただきます。

◎豆の繊細なうまみを味わいたいので、ごく薄い塩味で。パスタをゆでるときの塩と、豆を煮るときにほんの少しパラッと塩をふる程度です。

ひよこ豆のサラダ

ひよこ豆のサラダ

できれば冷凍したものではなく、ゆでたばかりの、まだ温かいひよこ豆で作るのがおすすめです。そのほうが味がよくなじみます。

野菜は何でもいいんです。サラダで食べておいしいものなら何でも。生に限らず、ゆでたアスパラやさやいんげんやじゃが芋でも、ソテーしたきのこでも結構です。量もお好みで。豆と魚介はとてもよく合います。えびのほか、あさり、帆立てなどでもよいです。

材料（2人分）

ゆでひよこ豆　カップ1
えび　4尾
ラディッシュ、にんじん、きゅうり、セロリ　各適量
にんにくのみじん切り　少々
オリーブオイル、ビネガー（白ワインビネガー、メープルビネガー、米酢、レモン汁など）、塩、黒こしょう、イタリアンパセリのみじん切り　各適量

作り方

① ラディッシュ、にんじん、きゅうり、セロリはひよこ豆と同じぐらいの大きさにコロコロに切ります。
② えびは背わたを除き、ゆでて殻をむき、小さめの一口大に切ります。
③ ボウルに①の野菜とえび、ひよこ豆を入れます。にんにくと調味料をすべて加えて好みの味つけにし、イタリアンパセリを加えてざっくりと混ぜます。

●作ってすぐよりも、少しおいて味がなじんだほうがおいしいサラダです。ですからもちろん、ひとが来るときの一品にも。

3 ひとり暮らしのわたしの食べ方

朝は食べたいものを。

自分で食べるものは自分で作る。それが一番大事——という思いは、昔からずっと変わりません。

自分で作れば、そのときの体調に合わせたものを食べられます。新鮮な旬の素材や、混じりけのないピュアなものが食べられます。美しい野菜や香りのよい食材に触れて、作る楽しさも味わえます。そこから道具や器へと関心も広がるし、料理を作って誰かと一緒に楽しもう、という気持ちにもなるのです。

たとえ簡単なものだとしても、料理を作るか作らないかで、人生の豊かさにはグッと差がつく、とわたしは思います。

日々の食事を外食や買ってきたものに頼るのは、自分や家族の〝食〟を企業や他者の手に委ねてしまうこと。自分たちの健康(ひいてはいのち)を他人まかせにしてしまうことです。

〝食〟の主導権を自分で握りましょう。難しいことでも面倒なことでもありません。包丁を使わなくても、新鮮な野菜をちぎったり、まるごとかじる朝食だって〝料理〟のうちなのですから。

何を食べていれば体調がよいのか、気分がよいのか……自分の内側の声に耳を澄ましてください。そうすれば聞こえてきます。そして「これが食べたい」と、からだや心がささやくものを作って食べていれば、おのずと健康はついてくると思います。

朝食Aタイプ

ジャムトースト＋紅茶

朝は食べたいものを食べます。わたしの場合、好きな朝食のパターンがいくつかあって、それを順繰りにしている感じです。

まずはジャムトースト。こんがりと焼いたパンに、バターを塗るというよりも、厚めに切ったバターをのせる感じでたっぷりと。さらに、おいしいいちごジャムなどをたっぷりのせて、熱い紅茶と一緒にいただくのです。

ちっともヘルシーではないけれど、たまにはいいんじゃない、と自分自身に言って。「これから活動開始!」の朝ですから、カロリーが少々高くても気にしないことにしています。一所懸命働いて、からだを動かしていれば消費されるでしょ、なんて。

ちなみにパンは、盛岡・横澤パンの手ごねの食パンや、筑波山麓の田中農園さん(P85)から野菜と一緒に届く天然酵母パンなどを。わざわざ遠くから……と思われるかもしれませんが、好きなものを食べたいのです。パンは届いたらすぐのおいしいうちに、1回に食べる分ずつ(ひとりなら1枚、ふたりなら2枚というふうに)ラップで包んでフリーザーバッグに入れて冷凍。食べるときは凍ったまま、旧式のトースターでカリッと焼きます。

朝だから……と自分に許可して楽しむ、ちょっと禁断のジャムトーストですから、おいしさに妥協はしたくないのです。

ジャムトースト

バターも冷凍を

ほのかに甘いミルキィな香りも、バターのおいしさのうち。ほかの食材のにおいがついてしまうと台無しなので、バターケースに入らない分は使いやすいように切ってラップで包み、外側をアルミホイルで包んで冷凍しています。きちんと日付を書き、なるべく早く使いきるようにします。ちなみにわたしはトーストには有塩、お菓子には無塩のカルピスバターが好き。

朝食Bタイプ

玄米ご飯＋目玉焼き

これも大好きな朝ごはんです。香ばしく炊いた玄米に、縁がチリチリに焼けて黄身が半熟の目玉焼きをのせて、しょうゆをたらり。卵をくずしながら食べると、もう最高に幸せ。

噛みごたえがあって、ビタミン、ミネラル、食物繊維の豊富な玄米ご飯。それプラス、たんぱく質のかたまりの卵の組み合わせですから、朝のエネルギー補給にぴったりです。

おいしい目玉焼きの作り方はご存じでしょうか。小さな鉄のフライパンをガス火にかけて、煙が上がるほどに熱してから、オリーブオイルを多めにひいて、オイルがまだ冷たいうちに卵を割り入れます。そしてフライパンをゆすりながら、弱めの火でじっくりじっくり焼きます。良質のエクストラバージンオリーブオイルで焼くと、白身がカリカリに焼けて本当に美味。

玄米の炊き方は45ページに詳しく書きました。炊くのに1時間強かかるので、朝ごはんに登場するのは、もっぱら冷凍しておいた玄米ご飯です。冷凍のご飯は、電子レンジか蒸し器で温めていただきます。

おいしい朝ごはんの定番。

玄米ご飯＋目玉焼き

ご飯の冷凍法

●白米も玄米も、ご飯の冷凍の方法は同じです。解凍して食べたとき、ふっくらとしたおいしさが戻るように冷凍するにはコツがあります。ご飯を炊いたら、そのときに食べる分以外をすぐに冷凍用に取り分けて、ご飯がまだ温かいうちに、ふわっと空気を含ませながら包むのです。手順はこうです。

① ラップを30㎝四方ぐらいに切って広げます。

② ご飯を1回分（茶碗1膳分）ずつ取って、①のラップの上にふわっとのせ、軽く包みます。このとき、ご飯をつぶさないようにします。ふんわりと空気を含ませたまま包むのがポイント。

③ ②が人肌程度に冷めたら、フリーザーバッグに入れて、冷凍庫へ。

●解凍は電子レンジか蒸し器で行います。

朝食Cタイプ

まるごと野菜のプレート

仕事のためにはほぼ毎日、たくさんの野菜を買って調理しています。ですが、ひとり暮らしの自分の家には、週に一度、宅配の野菜が届くのです。みなさんのご家庭と同じです。

忙しくて、自分のための買い物をする時間はありません。肉や魚は数日食べなくてもわたしは平気だけれど、野菜だけはないと困ります。それで、茨城県の筑波山麓で有機農業に取り組んでいる田中農園さんから週に一度、野菜ボックスを送っていただいてます。

泥がついたままの、新鮮そのものの野菜が届いた日の翌朝は「野菜が主役！」の朝ごはん。これが本当に楽しみで。洗っただけの皮つき、茎つきの野菜を木のプレートにまるごと盛り合わせます。そして野菜の可愛らしい形を目で味わいながら、ナイフとフォークでカットして、おいしい塩やオリーブオイルをかけていただくのです。パンはあってもなくてもよくて、野菜だけでも満ち足りてしまいます。

こんなふうにワイルドに食べると、野菜本来の味や香りや歯ごたえがちゃんとわかるし、甘みも苦みも、ちょっとしたえぐみもまるごと味わうことで、からだの細胞が生き返る感じがします。もちろん、安全でおいしくて新鮮な野菜だからこそ、の朝ごはんです。

週に一度の野菜ボックスですから、日保ちもしてくれなければなりません。葉野菜はステンレスのボウル＋ステンレスのざるに入れて、ステンレスのプレートでふたをして冷蔵庫に入れておくと、信じられないほどピンピンと長持ちしてくれます（詳しくはP90を）。

★田中農園・ペトラン
☎0299-43-2434
http://tanakanouen-petrin.com/

木の皿を使いきる

●自然のものが好きなので、わが家には木のボウルや皿やボードがたくさん。キッチンの棚など目につくところには、国籍も素材もさまざまな木の道具が並んだり、積み重なったりしていて、それを毎日目にするだけで気持ちがホッとします。

●みなさんが木の道具をあまり使わないとしたら、扱い方に今ひとつ不安感があるせいではないでしょうか。ていねいに使おうとするから億劫になるのでは？　傷がついても、しみがついてもいいじゃないの、と思いながらわたしは使っています。

●たとえ人気作家ものであっても、木の皿にまるのままの野菜やフルーツやチーズを盛って、その上でナイフとフォークでガシガシと切って食べたりして。だから、皿の表面に切った跡がたくさんついています。でも、それがかえっていい味になる。うちの皿を見て「すごくかっこいい」とみんなが言うので、「まな板として使うと、こうなるわよ」と返すと、「とてもできない……」って。まあ、する・しないはご自由ですが、持っている道具も「使いきる」ほうをわたしは選びます。

●乾燥を防ぐために、木の皿にはある程度の油分があったほうがよいので、使ったあとは水とタワシでゴシゴシ洗って、ふきんで拭けばOKです。

わたし流「食の立て直し」。

朝は食べたいものを食べます。昼は、仕事で作った料理をみんなでいただくことがほとんどです。肉や魚のたんぱく質系の料理を作った日も、うちでは大きなボウルに野菜をたっぷり用意しますから、昼はバランスのよい食事をしっかり摂ることになります。

夜は家で、その日に食べ足りなかったものを少し食べます。「今日はもうちょっと青い野菜が食べたいな」とか、「ご飯か麺か、炭水化物のものを少し食べておきたい」とか。頭で考えるのではなく、からだが自然に欲するので、何を食べたらいいかは自分でわかります。そうしてからだの声に従って、ほうれんそうと豚肉をサッとゆでてポン酢で食べたり（P70）、おかゆを温めて、瓶詰のおかずでいただいたり（P76〜77）。2章でご紹介した「まとめ仕事」をしてあるから、ヘルシーでおいしい食のサイクルを作れるのです。

ところが、このサイクルが崩れてしまうことがたまにあって。あまりにくたびれているときは、からだの声も聞こえなくなるし、自分に甘くなって、つい適当なものを食べてしまったりする。そうすると次の食事も適当になって、ずるずると悪いほうへ行ってしまう。

「悪いものを食べると、悪いものが食べたくなるんですよね。悪いものが悪いものを呼ぶ感じがする」と言ったひとがいましたが、「そうそう。それはわたしも感じる」って。おいしいから食べるのではなく、なんとなく食べている自分がいて、そういうとき、わたしは体調を崩す直前なのです。

だから「来るぞ」と思ったら気を引き締めて、食事を立て直せばいいのだけれど……これがなかなかできない。強い意志がいる。でも、そこでがんばらないと、長びく風邪をひいたりする痛い経験をしていますから、なんとか立ち直ろうと最近はしています。

どうするのかというと、「いったん断ち切る」のです。

食べない。適当なもの（悪いもの？）を食べるくらいなら、いっそ「今夜は何も食べない」と自分自身に宣言して、水を飲んで早めにベッドに入ってしまう。そうすると翌朝は健康的におなかがすいているので、ちゃんと朝ごはんを食べようという気になります。食事を抜くのはからだに悪い、という意見もあるかもしれませんが、ときに内臓を休めることは、体力&気力の快復につながる、というのがわたしの実感です。

この方法は、ダイエットをしたいときにも有効です。「食べすぎが食べすぎを呼ぶ」のです。その悪い連鎖を断ち切らないと、からだが重くなるばかりでなく、わたしの場合は体調も崩してしまいます。だから意志を奮い立たせて、「今夜は食べないで寝ちゃう」をする。そうしていったんリセットして、翌朝から、よいものをほどよく食べる正しい食事のサイクルに戻る。

食は連鎖です。つながっているのです。昼に食べたものによって、その夜に食べたいものが決まり、夜食べたものによって、翌朝に食べたいものが決まる。だから一食一食「何を食べるか」が本当に大切だし、からだの欲する声に敏感でいることが何よりも大切です。そして悪い方向へ行きそうなときは、いったん連鎖を断ち切ること。

料理も連鎖です。つながっている。「今夜、何食べよう」と思いながら買い物に行って、一から作るようでは大変。そうではなくて、今日とったおだしやスープが、明日や明後日の料理のベースとなり、数日前に干したり塩もみしておいた野菜が今日のおかずになる……というふうにつながっていくのが本来です。料理は〝しりとり〟なんです。

こういうことって、料理の本にはあまり書いていないけれど。でも実は自分や家族の健康をつくる家庭料理において、もっとも大切なことだと思っています。

買い物から帰ったら。

冷蔵庫って、いいような悪いようなところがあります。野菜でも肉でも魚でも、パックや袋のまま冷蔵庫に「とりあえず」入れていませんか。

畑で野菜が収穫されてからスーパーマーケットで売られるまでに、だいたい3日はかかると農家の方から聞きました。その野菜を買ってきて、冷蔵庫に1週間入れっぱなしにすれば、採れてからいったい何日たった野菜なのか……。味も鮮度も栄養価も、冷蔵庫の中で落ちていくばかり。日にちがたって、おいしくなくなった食品は結局使いきれなくて処分……なんていうことにもなりがちです。

「とりあえず」はやめにしましょう。一番いいのは冷蔵庫に入れる前に、買ってきたものに何かしらの下処理をしてしまうことです。

たとえば、しいたけはパックや袋のまま冷蔵庫に入れると、きのこの水分で蒸れて、すぐに傷んで黒ずんできます。パックや袋に穴を開けておくだけでも、空気が入ってだいぶ違います。

葉野菜は洗って、ざるを重ねたボウルに入れ、ステンレスのプレートのふたをして冷蔵庫に入れます。詳しくは次のページで紹介しますが、こうしておくと、いつまでたっても野菜がピンピンしていますし、洗ってあるので、すぐに調理ができて便利です。

魚はパックから出して、塩をふってから冷蔵や冷凍にします。すぐに使わないときは、調味料やハーブをからめてマリネすることもあります。肉も、食べるのが翌日以降になりそうなときは、調味料につけ込んでおいたり。かたまり肉を下ゆでした状態で冷蔵保存するのも、わたしがいつもやっていることです。

疲れて帰ってきたときは、野菜を洗うという行為すら、大きな手間に感じるもの。そこをやっておけば、「料理をする」ハードルがグッと下がって、「自分の食べるものは自分で作る」サイクルから外れずにすむのです。決め手は、買い物から帰ったらすぐに、です。

野菜を何日も保たせるとっておきの方法。

このボウルのセットは、新潟・燕市のステンレスメーカーと共同開発したものです。なので、宣伝と受け取られてしまうかもしれないけれど、よいものはよいのでご紹介します。

厚手のステンレスでできたボウル、そこに同じくステンレスでできた、目の細かいざるを重ねます。葉野菜をザッと洗って水けをきり、ざるに入れて、ステンレスでできたプレートでふたをします。

この状態で冷蔵庫へ入れておくと何日でも、場合によっては1週間でもそれ以上でも、野菜がピンピンしているのです。それはもう、驚くほどです。ボウルのセットをいろいろに使ううちに、こんなアイデアがひらめいて試してみたら、あまりに野菜の保ちがいいので、わたしもびっくりしてしまいました。

なぜそうなるのか、正確にはわかりませんですが、こんなふうに推測しています。

ふたをしているので、野菜についた水分が蒸発することなく、野菜の組織の中に入る。それでみずみずしさが保たれるのではないか。さらに、野菜についた余分な水分は、ざるを通ってボウルの底に落ちる。傷みやすい水が野菜についたままにならないから、日保ちするのではないか。また、野菜についた水分がステンレスのボウルの中で循環して、そうで

なくても冷えやすいステンレスのボウル内が、いっそう冷たい状態になる。つまり水分と冷気が野菜にほどよくなる、そのせいで、野菜が長持ちするのではないか——。

生で食べる葉野菜は、ザッと洗ってボウル＋ざるの中へ入れ、ふたをして冷蔵庫に入れます。こうしておけば、野菜をちぎってオイルやビネガーであえるだけで、すぐにサラダが食べられます。

小松菜やほうれんそうなら、ザッと洗い、葉っぱと茎に分けて切った状態でボウル＋ざるの中に入れて、ふたをして冷蔵庫に入れます。こうしておけば、炒めたり、ゆでたりが即できるわけです。「即できる」ということがとても大事。洗ったり切ったりする手間が省けると、料理がちっとも億劫でなくなります。それに、ボウルの中で野菜がとてもよい状態になっているから、調理するととてもおいしいのです。

ひとり暮らしのわが家の冷蔵庫には、野菜の入った大きなボウルのセットがいつも2つ～3つ入っています。ひとりやふたりの少人数の暮らしにこそ、おすすめの保存法です。

★ボウル、ざる、プレート　ラバーゼ／和平フレイズ
☎0256-63-9711
http://labase.jp

すぐに食べない魚・その1

塩をする、マリネする。

買い物から帰ったら、魚は冷蔵庫に入れる前にパックから出して塩をふります。網焼きするときでも、マリネするときでも。魚には塩をふる。すると魚のうまみが引き出される――これは魚をおいしく食べるための日本人の知恵です（同じく海に囲まれたイタリアでは塩はふらないから、日本人独自の発見と言えるかもしれません）。

バットに角ざるを重ねて、切り身魚をのせ、高いところから塩をパラパラといくぶん多めにふります。裏にもふります。

その日じゅうに食べるときは、バットにふたをして冷蔵庫に入れます。その日じゅうに食べないときは、塩をした状態で1切れずつラップできっちり包んで冷凍します。塩さえしておけば、冷凍の切り身魚をたとえば1ヵ月後に食べても充分おいしかったりする。塩の力は偉大です。

もうひとつ、わたしがよくするのがマリネという手法です。マリネとは、調味料やスパイスやハーブで、食材に何らかの味をつける

鯛のハーブマリネ(右)
鮭のにんにくマリネ(左)

ことです。

魚や肉はそのままでは傷みが早いですが、塩や酒をからめたり、みそやしょうゆにつけ込んだり、オイルをからめた状態で冷蔵庫に入れておくと、3〜4日は保ってくれるもの。日保ちするだけでなく、味がなじんでおいしくなるんです。マリネしておいた魚や肉はそのまま焼くだけで、すぐにしゃれた一品ができるので本当におすすめ。

魚の切り身が1パックに2切れ入っているようなとき。ひとり暮らしなら、1切れは塩焼きなどですぐに食べるとして、もう1切れはオリーブオイルとハーブでマリネしておけば、数日後に違う味つけで楽しめます。

マリネするときはまず、魚の切り身に塩をふって保存容器に入れます。洋風に食べるなら、スライスしたにんにく、こしょう、ローリエやタラゴンなどのハーブ(お好みで)、オリーブオイルをからめてマリネします。和の味つけなら、塩をした魚に酒をふりかけておくだけでも冷蔵庫で3日ぐらいは保つし、みそ+メープルシロップでマリネしておいた魚を、こんがり焼いて食べるのも美味です。

魚のマリネのおしゃれな一皿。

鯛のハーブマリネのソテー

鮭のにんにくマリネのソテー

昔から驚かれていました。急にうちにひとが集まって、お酒を飲んだり、食事をすることになったとき。買い物に行った気配もないのに、わたしがパパッと数品の料理を作ってテーブルに並べたりするので、「まるで魔法を使ったみたい」って。

その秘密がマリネなのです。食材の買い出しに行くと、魚でも肉でもマリネしておけるものを何かしら1～2品買ってくる。そして買い物から帰ったらすぐに、異なった味つけでマリネして冷蔵庫に入れるのです。こうしておけば明日、明後日のおかずに悩むこともないし、急な来客にもスマートに対応できます。3人の娘を育て、仕事もして、食べることもおろそかにしたくなかったわたしの、マリネは長年にわたる秘策なのでした。ひとり暮らしの今も、何かしらマリネしたものが冷蔵庫に入っています。

マリネがあれば。冷蔵庫から保存容器を取り出して、マリネしておいた切り身魚(P95)をフライパンで焼くだけで、こんな料理があっという間にできてしまう。今日の夕食はワインを開けて魚料理にしようかな、なんて、仕事から帰る車の中で心はずませることもしばしばです。

鯛のハーブマリネのソテー

ベランダガーデンに生えているタラゴンを使いましたが、ハーブはお好みのものでかまいません。イタリアンパセリでも、フェンネルでも。ローズマリーでも。マリネした魚は半日から3日程度で食べきります。

ソテーするだけでもおいしいのですが、さまざまなハーブで作ったグリーンソース＋バターをかけると、よりリッチな味わいに。

材料(1人分)

鯛の切り身　1切れ
塩　少々
黒こしょう　適量
オリーブオイル　大さじ1～1と½
タラゴンなどのハーブ　適量
白ワイン　カップ½
[グリーンバターソース]
グリーンソース(P59)　大さじ2
バター　大さじ2

作り方

① 鯛は皮目に切り目を入れて塩をふり、黒こしょう、オリーブオイル、ハーブをからめてマリネします。少なくとも半日はおいたほうが、味がなじんでおいしいです。

② フライパンに①の鯛を皮を下にして入れ、容器に残ったオイルやハーブを加えて強火にかけ、表面をこんがりと焼きます。

③ 表面を焼きつけたら白ワインをふり、強火でアルコール分をとばしてからふたをして、弱めの中火で7～8分焼いて中まで火を通します。

④ ③を器に盛り、空いたフライパンでソースを作ります。バターを溶かし、グリーンソースを加えてふたをし、しばらく弱火にかけてソースとバターをなじませます。これを魚にかければ完成。

鮭のにんにくマリネのソテー

魚は必ず塩をふってからマリネしますので、マリネ液にも、あとでソテーするときにも塩をふらなくて大丈夫。つけ合わせのじゃが芋は焼いてから、粒の食感の残る粗塩をふって食べるとおいしいです。

材料(2人分)

生鮭の切り身　2切れ
塩　少々
にんにくの薄切り　3かけ分
オリーブオイル　大さじ2
黒こしょう　少々
ローリエ　2枚
レモンのくし形切り　適量
[つけ合わせ]
じゃが芋　2個
オリーブオイル　大さじ2
塩、黒こしょう　各適量

作り方

① 生鮭は塩をふります。にんにく、オリーブオイル、黒こしょう、ローリエを加え、冷蔵庫でマリネします。少なくとも半日程度はおいてから食べるようにします。

② じゃが芋は皮をむき、1.5cm厚さに切って水にさらします。フライパンを熱してオリーブオイルをひき、水けをきったじゃが芋を並べて焼きます。

③ じゃが芋が色づいたら、フライパンの端に寄せて、空いたところに①の鮭を入れます。オリーブオイル、にんにく、ローリエも一緒に入れてください。強めの中火で焼いて、鮭がカリッとしたら返し、少し火を弱めて裏面も焼きます。

④ 器に③を盛り、じゃが芋に塩、黒こしょうをふります。レモンを搾って召し上がれ。

すぐに食べない魚・その2

自家製一夜干し。

都会暮らしだと、よい干物になかなか出会えません。ましてや、ふだんの暮らしの中でおいしい干物を食べようとするのは大変です。スーパーマーケットに並んでいる干物の中には、天日干しでなく、機械で熱を当てて干したりするようなものもあるそうで、どうもおいしく感じられないのです。

それで、というわけでもないのですが、あるとき、小魚に塩をふっておいたら、とてもおいしい一夜干しができたので、以来、わが家で干物というともっぱらこれになりました。冷蔵庫の中で作る一夜干しですので、簡単この上なく、特別な道具もいりません。

小あじ、さより、きす、すずきなど、白身の小さめの魚や鯛の切り身で、新鮮なものを見つけたときに作ります。天ぷら用などに開いた状態で売られている魚を買ってきて、買い物から帰ったらすぐ、角ざるにのせて両面に軽く塩をふります。

この状態で、ラップやふたをせずに冷蔵庫に一晩（切り身など場合によっては二晩）入れるだけです。指でさわってみると魚の表面が

乾いていて、中がふっくらやわらかくなっていれば、自家製一夜干しのできあがり。あぶる程度に焼くだけで、とびきりの干物が食べられます。

騙されたと思って、ぜひ作ってみていただきたいです。魚の余分な水分が抜け、うまみが凝縮されたようになって、本当においしいですから。鯛の一夜干しなんて最高に美味です。

自家製一夜干しは、食べきれなければ1切れずつラップで包んで冷凍保存もしています。小魚ですので、凍ったまま焼いても火が通り、すぐに食べられるのも嬉しいところです。

小あじの一夜干し

小あじの一夜干し

ご飯のおかずに向くのはもちろん、小さめの魚で作りますので、しゃれた酒肴にもなります。日本酒が好きな方が見えるときは、自家製たくあんの古漬けを細く刻んで、きゅうり、みょうが、新しょうがのせん切りとあえた〝かくやあえ〟と、一夜干しを大皿に少しずつ盛りつけて、お茶事の八寸風に楽しむことも。青みを少し添えても絵になります。

材料

小あじ（開いたもの）　適量
塩　少々
オクラ、すだち　各適量

作り方

① 小あじはざるにのせ、両面に軽く塩をふります。ラップもふたもせずに、このまま冷蔵庫に一晩入れて表面を乾かし、一夜干しにします。

② 焼き網を熱して、①の小あじをこんがりと焼きます。器に盛り、ゆでたオクラ、すだちを添えます。すだちを搾っていただきます。

ひとり暮らしでも丸鶏を。

鶏一羽のことを丸鶏と呼びます。驚かれるかもしれませんが、鶏を食べようと思ったら、わたしは丸鶏を買うことがしばしばです。ひとり暮らしでもそうなのですから、ふたり暮らしかそれ以上だったら、あるいはひとが来るようなときには、丸鶏を買うことをおすすめしたいです。

鶏肉は骨つきのほうがやっぱりおいしいですし、もも、胸、ささ身と、いろいろな部位を食べられるのがいいのです。それに丸鶏を蒸すときに出るスープは、極上のチキンスープ。和洋中とあらゆる料理に使えるこのスープが欲しくて、丸鶏を買う節もあるくらい。

鶏のスープはがらでとっていたこともありますが、今は丸鶏を蒸すか、たっぷりの手羽をゆでてとるようになりました。そのほうが肉までおいしく食べられるし、濃厚なスープがとれるので。

丸鶏はスーパーマーケットやお肉屋さんの店先に並んでいなくても、事前に頼んでおけば、ご近所でも買うことができると思います。値段も、手羽をたっぷり使うよりも丸鶏のほうがむしろ安かったりします。

丸鶏の蒸し方（鶏のスープ）

丸鶏は生のまま さばいて調理することもありますが、蒸すとおいしいスープがとれるのが、何といっても魅力です。最初に塩をすり込みますが、ここまでやって冷蔵庫に一晩おくこともあります。肉に塩味をしっかりめにつけたいときや、保存をよくしたいときはそのほうがよいです。

材料

丸鶏　1羽
塩　大さじ1強
水　カップ11

蒸し方

① 丸鶏はよく洗います。外側も腹の中も水でていねいに洗い、水けをしっかり拭き取ります。

② 塩を丸鶏全体にすり込みます。腹の中にもすり込みます。

③ 蒸し器に分量の水を入れて火にかけ、沸いたら丸鶏を入れてふたをし、中火で40分ほど蒸します。串を刺してみて透明な汁が出れば、中まで火が通った証拠です。

④ 丸鶏を取り出し、蒸し器に残ったスープをこします。ボウルにざるをのせ、不織布のものなど厚めのキッチンペーパーを敷いて。さらしのふきんだと鶏の脂までスープに入ってしまうので、紙でこすようにします。

●この分量で、カップ10程度のスープがとれます。塩、こしょうで味つけしただけのシンプルなコンソメスープで味わうもよし、ラーメンのスープ、カレーやシチュー、炊き込みご飯、鍋など、何にでも使える万能スープです。もちろん、保存容器に小分けにしてラベルを貼り、冷凍保存します。

●蒸す際の水に長ねぎやしょうがを入れると、中華風のスープに。玉ねぎやにんじん、ハーブを入れると、洋風のスープになります。どう使うかわからない場合は、何も入れず水だけで蒸せば用途が広いです。

丸鶏をさばいて、冷蔵庫に。

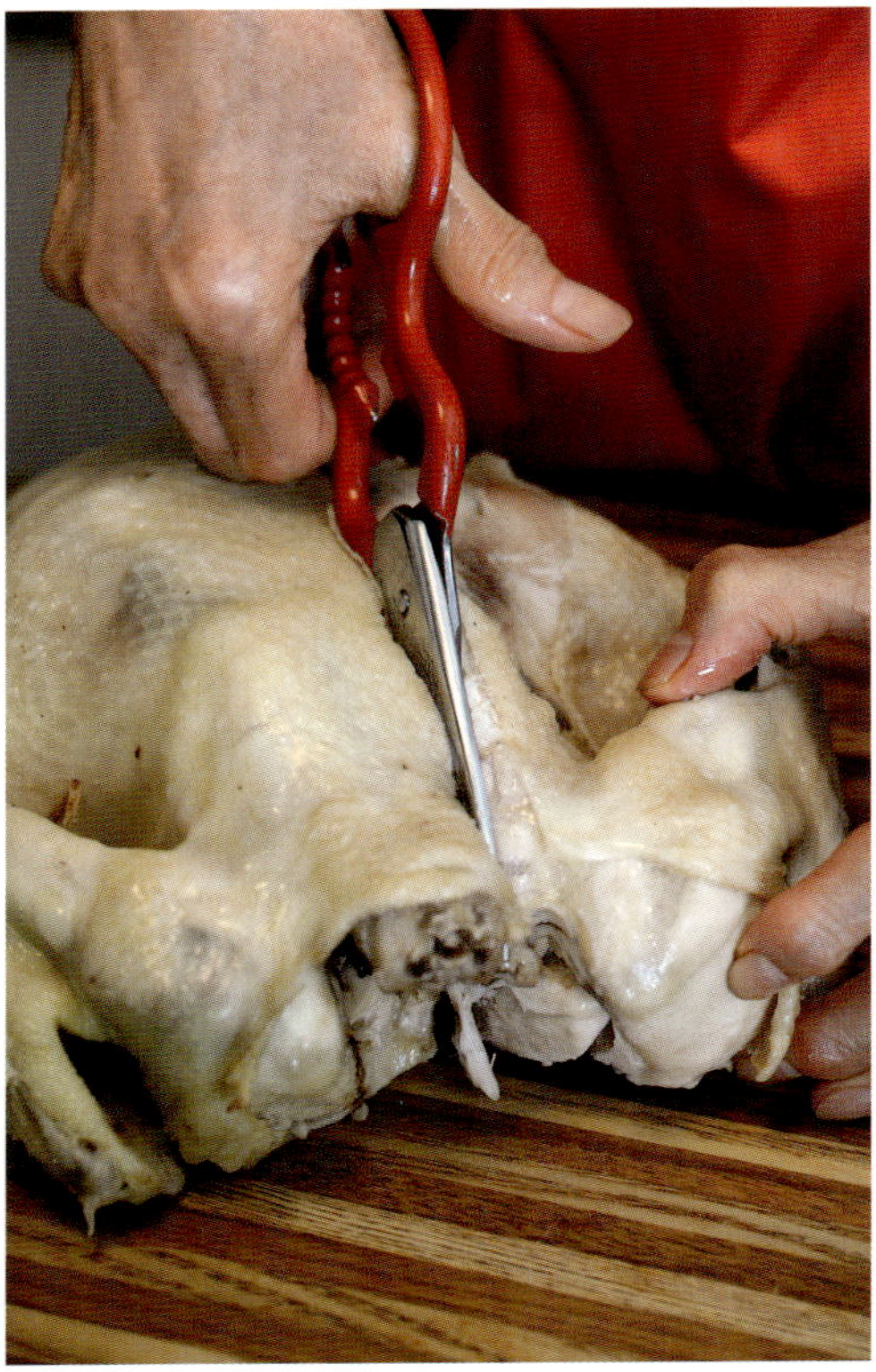

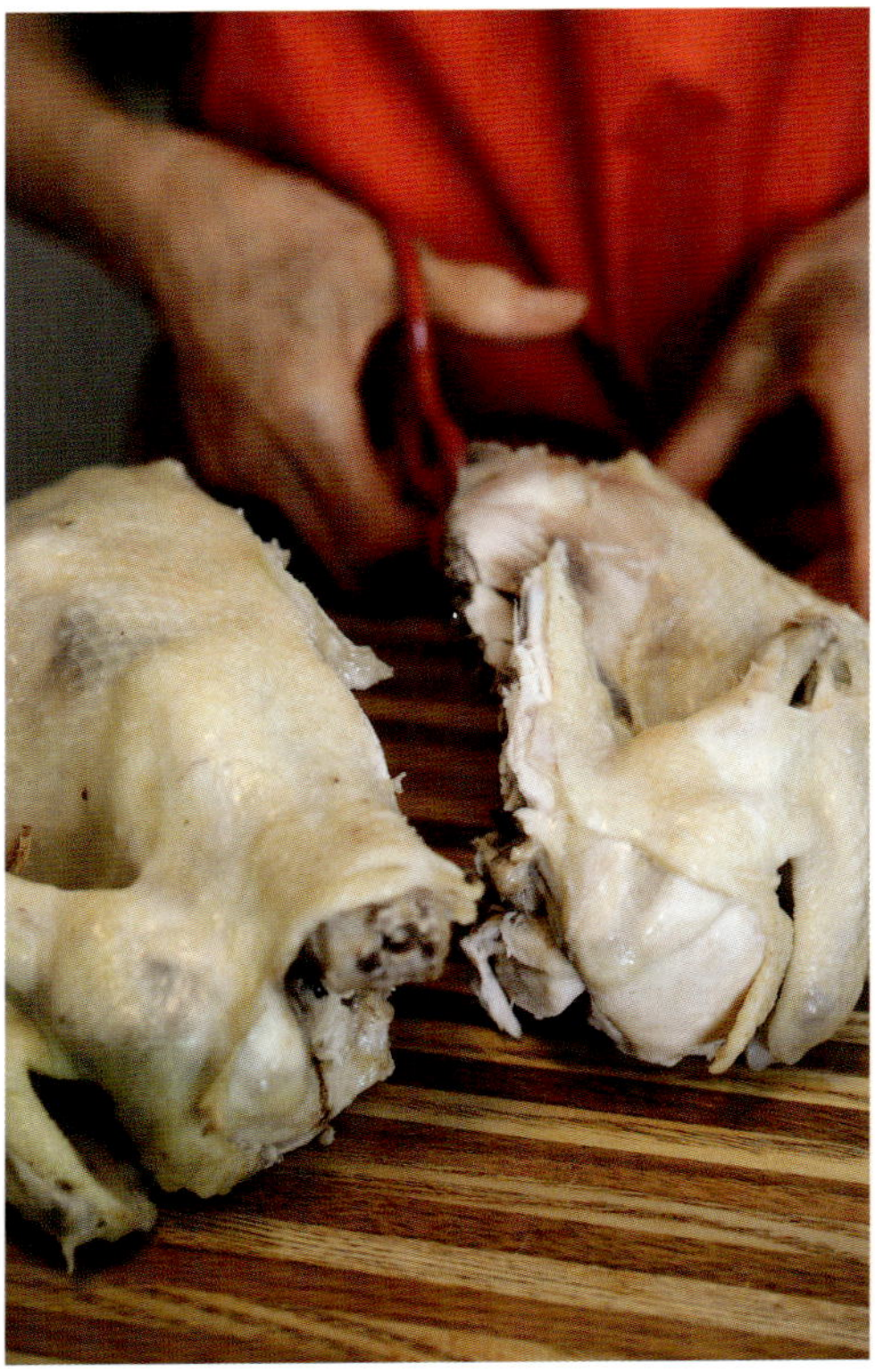

丸鶏のさばき方

丸鶏はキッチンばさみを使うと、思いのほか(面白いように!)簡単にさばくことができます。蒸した丸鶏でも、生の丸鶏でも、さばき方は一緒です。

① お尻からはさみを入れて、首元まで縦にちょきちょきと切ります。

② 裏側も①のように切り進んで、真ん中から左右半分に切り分けます。

③ 脚は、関節のあたりにはさみでちょっと切り込みを入れて、ひっぱります。そうすると「ここが身からはがれます」と教えてくれますので、そこにはさみを入れて切り離します。やってみるとわかると思います。切り込みを入れてひっぱると、切りたいところが自然に見えてくるんです。

④ 胴の部分はあばらがついたままで、横に5~6等分に切ります。

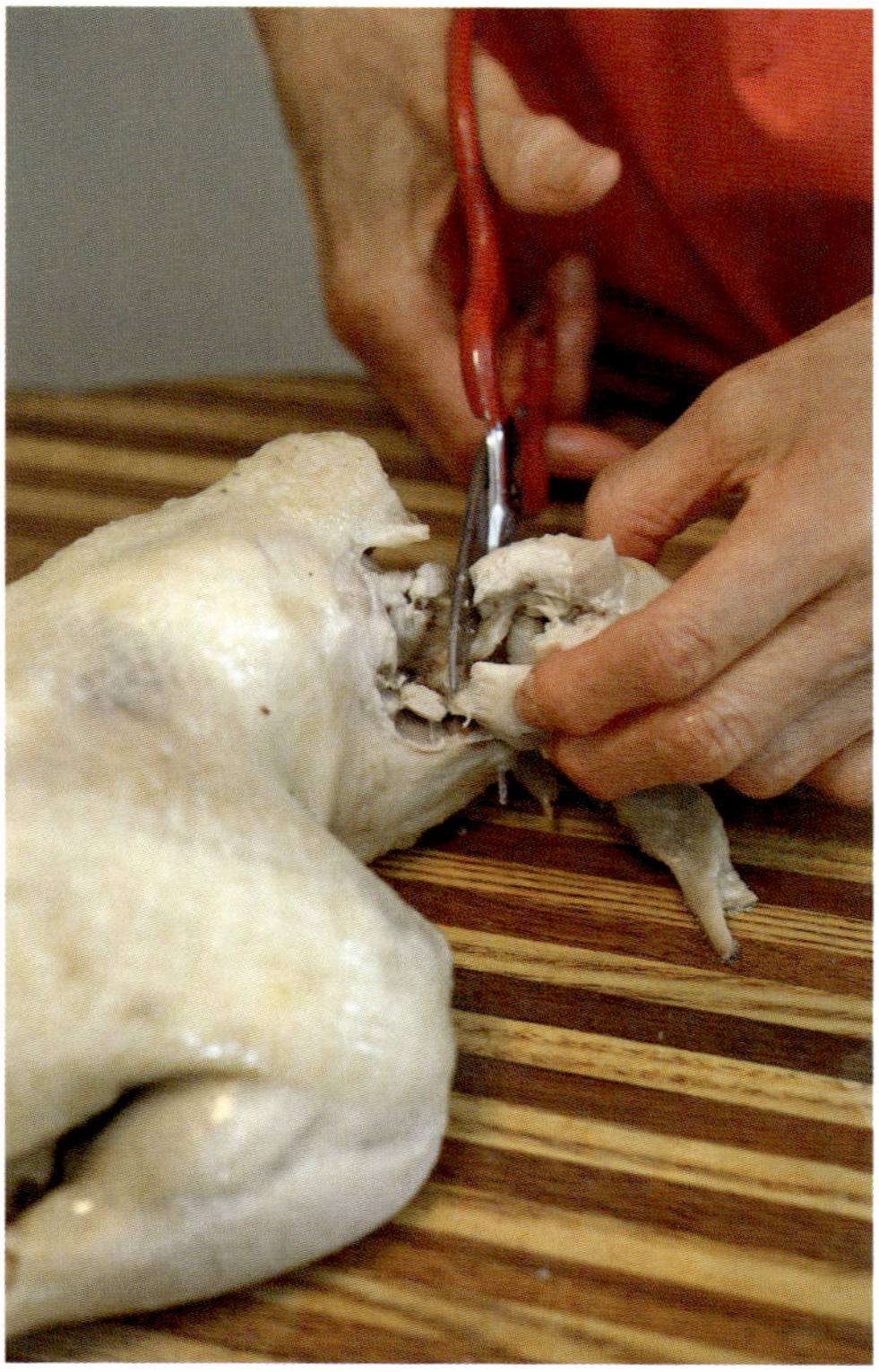

蒸した丸鶏は……

蒸してさばいた鶏肉は、まずは蒸し鶏(棒々鶏風に)で召し上がってください。ほかは完全に冷めてから、食べやすい量に分けて、下味をつけてマリネします。

たとえば、中華やエスニック風に食べたいなら「にんにくしょうゆマリネ」(写真右下)。にんにくのスライスとしょうゆをからめます。

洋風なら「ハーブマリネ」(左下)。好みのフレッシュハーブ、にんにく、塩、こしょう、オリーブオイルをからめてマリネします。

こんなふうに調味料をからめておくと、冷蔵庫で3～4日保ちます。マリネしたバットごと、冷凍庫に入れてもOKです。

鶏肉にすでに火が通っているし、味もついているので、食べたいときにすぐ食べられるのが嬉しいところ。脚を1～2本取り出してオーブンでこんがりと焼けば、朝ごはんやブランチのリッチなプレートがすぐにできてしまいます。詳しくは次のページで。

蒸した丸鶏を使って。

蒸し鶏の香味ソース

蒸し鶏のハーブロースト

蒸し鶏の香味ソース

蒸したてのふっくらとした鶏肉で、まず食べたい料理です。

材料(2人分)
蒸し鶏(骨のない部分) 160〜200g
きゅうり 2本
[たれ]
長ねぎのみじん切り 大さじ2
しょうがのみじん切り 大さじ1
米酢 大さじ1
ごま油 大さじ2
しょうゆ 大さじ1
豆板醤《トウバンジャン》 小さじ1/2
粉山椒 適宜

作り方
① きゅうりはごく薄い小口切りにして、氷水にさらします。
② 蒸し鶏は食べやすくそぎ切りにします。
③ たれの材料を混ぜます。きゅうりの水けをよくきって器に敷き、蒸し鶏をのせて、たれをかけます。
●ちなみにわたしは、酢は「千鳥酢(村山造酢)」、ごま油は「玉締一番しぼりごま油(小野田製油所)」、しょうゆは「イゲタしょうゆ(林合名会社)」、豆板醤は「吉祥の華 四川豆板醤(ユウキ)」を愛用しています。

蒸し鶏のハーブロースト

蒸し鶏をハーブマリネにしておけば、食べたい分だけ冷蔵庫から出して、カリッと焼いて、こんなプレートができるのです。

材料(1人分)
＊蒸し鶏のハーブマリネ 2切れ
[蒸し鶏のハーブマリネ]
蒸し鶏(さばいたもの) 1/3〜1/2羽分
ローズマリー、タラゴンなどのハーブ 適量
にんにく 2かけ
黒こしょう 適量
塩 適宜
オリーブオイル 大さじ3ぐらい
パン、クレソン、トマト 各適量

作り方
① 蒸した丸鶏をさばいたら、1/3〜1/2羽分をハーブマリネにしておきます。バットに鶏肉を入れて、ハーブ、たたいたにんにく、塩(鶏に塩をして一晩おいた場合は不要)、黒こしょう、オリーブオイルをかけて、鶏肉になすりつけます。この状態で冷蔵庫で保存します(P101に写真あり)。
② オーブンを最高温度にして、①の鶏肉をカリッと焼きます。パンや野菜を添えてワンプレートに。
●すでに火が通っているので、強火でガーッと焼いて表面をこんがりさせればいいのです。ローストしたチキンはサンドイッチの具にも最高です。フレンチドレッシングであえて、サラダにしてもおいしいです。

蒸し鶏のガーリックロースト

マリネした蒸し鶏は焼くか、揚げるか、どちらかの方法で食べるのがおすすめです。ここではオーブンで焼きましたが、油で揚げればみんなの好きなから揚げに。蒸してあるので早く火が通るし表面はカリッと揚がり、さっぱりとしていて、いくらでも食べられそうなおいしさです。

材料(4人分)
＊蒸し鶏のにんにくしょうゆマリネ 1/3〜1/2羽分
[蒸し鶏のにんにくしょうゆマリネ]
蒸し鶏(さばいたもの) 1/3〜1/2羽分
にんにくの薄切り 2かけ分
しょうゆ 大さじ2〜3
黒こしょう 適宜
香菜《シャンツァイ》、ライム 各適宜

作り方
① 蒸した丸鶏をさばいたら、1/3〜1/2羽分をにんにくしょうゆマリネにします。保存袋に蒸し鶏を入れて、にんにく、しょうゆ、好みで黒こしょうを加えてからめ、この状態で冷蔵庫で保存します(P101に写真あり)。
② 天パンにアルミホイルを敷き、①の鶏肉を汁けを軽くきって並べます。210〜230℃に予熱したオーブンでカリッと焼き上げ、好みで香菜をたっぷりかけ、ライムを搾っていただきます。

蒸し鶏のガーリックロースト

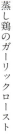

ひとり暮らしでも豚かたまり肉を。

自分の食事のために薄切り肉を買うことはめったになくて、ひとりでも豚肉はかたまりを買い求め、ゆでて冷蔵庫に保存します。

丸鶏を蒸して、肉をマリネしておくと同時にチキンスープをとる——。これと同じで、豚かたまり肉をゆでて、すぐに食べられる状態で保存し、同時に豚のスープをとるのです。

つまり、2章で書いた「まとめ仕事」と同じ考え方です。少し作るのも多めに作るのも同じ時間がかかるのだから、一度に多めに作って「すぐに食べられる」「おいしく食べきれる」状態で保存しましょう、ということ。

ゆでた豚肉はそれこそいろいろに食べられますし、スープも利用価値が高いです。スープでまずお試しいただきたいのは、じゃが芋のスープ。スープにすでに塩味がうっすらとついていますので、本当にじゃが芋をやわらかく煮るだけでよく、それでこんなにおいしいのかと驚かれるはずです。

豚のスープは中華麺にも最適。冷凍庫に常備しておけば、インスタントのスープなどに頼らず、すっきりとした味わいの自家製ラーメンが楽しめます。

ゆで豚と豚のスープ

部位はコクのある肩ロースがおすすめです。豚肉は塩をして冷蔵庫に一晩から二晩入れたほうが、肉もスープもすっきりとおいしくなります。塩をすることで、豚のアクなどのおいしくない部分が出ますので、それを洗い流してからコトコトとゆでます。長ねぎぶつ切り1本分、皮つきのしょうがの薄切り1かけ分を加えてゆでてもよいです。

材料
豚肩ロースかたまり肉　500〜600g
塩　40〜50g
水　カップ7〜8

ゆで方
① 豚肉はファスナーつきの保存袋に入れ、塩を加えて、袋の中でもんで塩を肉全体によくなじませます。この状態で冷蔵庫に一晩から二晩おきます。
② 豚肉の塩を洗い流して、たっぷりの水でゆで始めます。煮立つまでは強火。アクが出たら弱めの中火にして、アクをすくい取り、ふたをしないでコトコトとゆでます。
③ 40分ほどゆでたら竹串を刺してみます。薄いピンクの汁が出たら火を止め、そのままおいて、あとは余熱で火を通します。

●塩は、わたしはゲランドの粗塩を使います。
●保存する肉はスープごと容器に入れて冷蔵庫へ。2〜3回で使いきるようにします。あるいは肉をスライスして、ドレッシングをからめた状態で冷蔵庫に入れても。
●スープは冷めてから、不織布製など厚めのキッチンペーパーをざるの上にのせてこします。冷蔵庫で3〜4日保たせたいときは、塩を加えて保存します。冷凍は、フリーザーバッグや保存容器に使いやすく分けて。

ゆで豚のねぎ塩

ゆで豚のねぎ塩

ゆで豚を作ったら、脂身もやわらかいうちに、ぜひこの食べ方を試してみてください。わたしの好きな食べ方です。薄くスライスして、ねぎと粗塩、粉山椒だけでいただくのですが、最高です。

材料（3〜4人分）
ゆで豚　250〜300g
長ねぎ(白い部分)　1本分
粗塩　適量
粉山椒　適宜

作り方
① 長ねぎはみじん切りにし、さらしのふきんに包んで、流水に当ててもみ洗いします。ふきんをギュッと絞って水けをきります。
② ゆで豚を薄くスライスして器に並べます。粗塩と①のねぎを全体に散らし、好みで粉山椒をふっていただきます。

青ねぎもおいしく

●左の写真も「ゆで豚のねぎ塩」です。九条ねぎなどの万能ねぎはもちろんのこと、普通の小ねぎの青い部分もおいしい。
●青い部分も白い部分も一緒に小口切りにして、さらしのふきんで包んで流水の下でもみ洗いを。こうして「さらしねぎ」にすると、生のままでもまるごと食べきることができます。「さらしねぎ」は厚揚げにのせたり、焼き魚にのせたり。みそと混ぜておでんのたれにしても。
●ゆで豚にのせるときは、やはり粗塩と粉山椒をふって食べますが、ごま油を少したらすとまた違う風味になります。

ゆで豚を使って。

ゆで豚肉のグリーンソース

ゆで豚のグリーンソース

ゆでた豚肉は洋風に食べてもおいしいもの。59ページでも紹介したハーブたっぷりのグリーンソースをかけて、ケイパーを散らせばイタリアンな一皿に。ひとが集まるときのワインのおつまみにぴったりです。冷蔵庫に入れておいて脂が固まっていたら、スライスしてから、ゆで汁ごと少し火にかけて温めてください。

材料（3〜4人分）

ゆで豚　300gぐらい

［グリーンソース］

イタリアンパセリ、ディルなどのハーブ　2つかみぐらい

にんにく　½かけ

塩、こしょう　各少々

オリーブオイル　大さじ3〜4

ケイパー（塩漬け）　大さじ3

作り方

① ハーブは葉と茎に分けて、茎は細かく刻みます。ケイパーは水につけて、軽く塩抜きします。

② 広口の空き瓶などに①のハーブ、にんにく、塩、こしょう、オリーブオイルを入れて、ハンドミキサーで攪拌《かくはん》してとろりとしたソースにします。フードプロセッサーにかけてもいいですし、すり鉢ですって作ってもOKです。

③ ゆで豚をやや厚めに切って器に盛り、②のソースをかけて、水けをきったケイパーを散らします。

●ケイパーの塩けで食べる料理なので、塩をふる必要はありません。

ゆで豚にはこんな食べ方も

●葉っぱ包み……キャベツ、レタス、青じそ、白髪ねぎなどを用意します。薄くスライスしたゆで豚を葉っぱで包み、おろしにんにく＋みそ＋豆板醤を合わせたたれをつけて食べます。

●キャベツとのからし酢みそあえ……サッとゆでたキャベツとスライスしたゆで豚を、酢＋みそ＋練りがらしであえます。

●じゃが芋とのソテー……ゆで豚を細切りにしてごま油でカリカリに焼き、にんにくのみじん切り、じゃが芋のせん切りを加え、酒をふってシャキッと炒めます。鍋肌からしょうゆをジュッと回しかけ、黒こしょうをたっぷりふれば、ご飯が進むおかずのできあがり。

ゆで豚のスープを使って。

台湾屋台風ラーメン

ゆで豚のスープで作る自家製ラーメンです。中華の乾麺を使って、台湾の屋台で食べるような小どんぶりの麺に仕立てました。「一口いかが?」と、ひとが集まる席での一品にするとウケること間違いなし。

中華の材料のコーナーでよく見かける蝦麺や卵麺は、そもそもの1玉が小ぶり。もちろん日本で作られている中華麺(生麺や半生麺)を使ってもよいのです。細切りにしたゆで豚をカリカリに炒めて、もやしと一緒に炒め合わせてトッピングにすると、いっそうボリュームのある一食に。

台湾屋台風ラーメン

材料(4~5人分)

中華乾麺(蝦麺など)　3~4玉
ゆで豚(スライスしたもの)　4~5枚
長ねぎ　1本
しめじ　1パック
黒こしょう　適量
香菜《シャンツァイ》の茎　適宜
[スープ]
ゆで豚のスープ　カップ4
にんにくのすりおろし　少々
しょうゆ　少々
塩　適量

作り方

① 長ねぎは小口切りにします。香菜の茎があれば(ほかの料理で使って残っていれば)みじん切りにします。しめじはほぐします。

② ラーメンのスープを作ります。鍋にゆで豚のスープを熱し、スープの調味料を加えます。しめじを入れてサッと煮ます。

③ 別の鍋に湯を沸かして、中華麺を袋の表示通りにゆでます。

④ 小どんぶりに熱々のスープをはり、ゆでたての麺を入れます。ゆで豚をのせて、長ねぎ、香菜の茎を散らし、黒こしょうをひきます。

●ゆで豚のスープに蒸し鶏のスープ(P98)を加えると、味にいっそう深みが出ます。塩だけの味つけにして、塩ラーメンにしてもおいしい。具もお好みでよいのです。いろいろと試してみて、「わが家のラーメン」を作ってください。

ひとり、ふたりの野菜の食べ方。

キッチンの窓を開けるとすぐそこに、腰の高さのプランターがあります。これはわが家の一株菜園。

野菜って、ひとりだと一株で充分なんですよね。ですから、ルッコラ、レタス、セロリ、からし菜、青梗菜……園芸ショップへ行って苗を一株ずつ買ってきて、プランターに植えるのです。ひとつのプランターの中にいろいろな野菜が一株ずつ植わっている、小さな自家菜園です。

食べるときにはさみでちょんちょんと葉っぱだけ切って、しゃばしゃばと洗って、パンにはさんでもいいし、そのままオイルと塩で食べてもいいし。ベランダ自家菜園のサラダ、楽しいでしょう？　それに採りたてだから、とてもおいしいです。

まとめて買ってきて冷蔵庫に入れっぱなしだと、野菜もハーブも味や香りが落ちる一方ですが、プランターに植えておけばいつまでも新鮮です。一株菜園の野菜を食べきったら、また違う株を買ってきて植えればよくて、いろいろな野菜が食べられます。

これはひとつのアイデア。でも、ひとり暮らしの方、あるいは中高年のご夫婦におすすめしたいです。野菜をあれこれ買ってきても、食べきれない人たちに。

一株菜園の野菜が食べきれずにグングンと育ってしまったら……花が咲いたりして、それはそれで可愛らしいもの。わが家のベランダガーデンも、食べられるものしか植えていないのに、いつも何かしらの花が咲いていて、なごみの風景になってくれています。

野菜のオイル蒸し

野菜のオイル蒸し

昔からずっと、この食べ方をしています。野菜があれこれ少しずつ残っているとき、あるいは野菜が大量にあるときに、一気に食べられてしまうのが、オイル蒸しという調理法です。ひとり暮らしやふたり暮らしで、食材があまりがちな方には特におすすめです。

どんな野菜でもいいのです。キャベツ、トマト、ほうれんそうや小松菜（の茎だけでも）、なす、玉ねぎ、さやいんげん、アスパラガス、ブロッコリーやカリフラワー……。1種類でもいいですし、いろいろ入ってもいい。食べやすく切って、ふたのできる鍋に入れて、塩をパラパラとふり、黒こしょうをひき、オリーブオイルをたっぷり回しかけて、ふたをして弱火にかけるだけ。

しばらくしてふたを開けると……鍋からあふれんばかりだった野菜も、ガクッとかさが減り、食べるとこれがおいしくておいしくて。シンプルな料理なのに、野菜だけの水分で蒸し煮にするせいか、山盛りの野菜がぺろりと食べられてしまうおいしさです。

風味づけに、たたいたにんにくを加えても、好みのハーブやスパイスを加えても、どうぞご自由に。たんぱく質のものが欲しければ、ベーコンや鶏肉を加える手もあります。

オリーブオイルのこと

●植物油は加熱した種子から採るものがほとんどですが、オリーブオイルはオリーブの実をまるごと搾ります。オイルというよりも、オリーブの実のジュースなのです。

●良質なオリーブオイルはオレイン酸を多く含み、ビタミンEやポリフェノールも豊富。これらはすべて、老化や疲労の原因となる活性酸素の発生を抑えてくれる栄養素で、動脈硬化を防ぐ効果もあります。

●「オリーブオイルさえ食べていれば健康でいられる」と聞いたこともあり、わたしの食生活にオリーブオイルはなくてはならないもの。パンや肉や魚にそのままかけて食べたりもするし、フライや天ぷらもオリーブオイルで揚げるとすっきりしておいしいのです。

●質のよいオイルを求めるあまり、イタリア・ウンブリアのマルフーガ社のオイルを毎年タンクで購入して、欲しい方にお分けしてもいます。味も香りも栄養価もまるで違いますので、お近くのスーパーで求めるときも、できるだけ上質なエクストラバージンオリーブオイルを選んでください。

＊マルフーガ社のオリーブオイル／Shop281
http://www.arimotoyoko.com/shopping/oil

海藻の積極的な食べ方。

海藻はカルシウムやミネラル類の宝庫。でも、いくらからだによいと言われても、おいしくなければ食べる気になりません。わたしの好きな料理をご紹介しましょう。

ひじきの炒め物

ひじきは一度に1袋を全部もどして、全量をシンプルな味つけで炒めたり、煮たりしておきます。

たとえば、にんにくと赤唐がらしのオイル、つまりイタリアンのペペロンチーノの味つけでひじきを炒めます。ちょっと意外なようですが、これがとてもおいしい。スパゲティとあえても、そのままご飯のおかずにしても格別です。サラダにしてもいいんです。いろいろな野菜と合いますので、玉ねぎ、ピーマン、トマト、にんじん……好みの野菜をせん切りにして、この炒め物とあえて召し上がってみてください。

材料（作りやすい分量）

長ひじき（乾燥）　1袋（約60g）
にんにく　3かけ
赤唐がらし　3本
オリーブオイル　大さじ4〜5
塩、黒粒こしょう　各少々

作り方

① ひじきはたっぷりの水（分量外）に20〜30分つけて、歯ごたえが残る程度にもどし、長ければ食べやすく切ります。にんにくは芯芽を除いてみじん切りに。赤唐がらしは種を除いて小口切りにします。

② フライパンにオリーブオイルとにんにくを入れて弱火にかけ、じっくり炒めて香りを出します。にんにくが色づいたら赤唐がらし、水けをきったひじきを加えて炒めます。

③ オイルをからめる程度にサッと炒め合わせたら、塩で味をととのえ、黒こしょうをひきます。保存する分はこの段階で取り分け、粗熱がとれたら保存容器に入れて冷蔵庫へ。

● 3〜4日のうちに食べきるようにします。

ひじきのスパゲティ

ひじきのスパゲティ

ひじきの炒め物をスパゲティに。食べたひとに必ず絶賛されるメニューです。

材料（1人分）

ひじきの炒め物　カップ1/4〜1/3
スパゲティ　80g
水　カップ10
塩　大さじ2/3

作り方

① 鍋に分量の水を沸かし、沸騰したら塩を加えて、スパゲティをゆでます。

② ひじきの炒め物は作りたてならそのままで。冷蔵していたものはフライパンで温めます。

③ スパゲティを袋の表示より1〜2分早く引き上げ、②のフライパンに加えて、しっかりあえます。

● ピーマンをせん切りにして加えることもあります。②でひじきと一緒にピーマンを加え、炒め合わせればいいのです。ピーマンのほのかな苦みがひじきに本当によく合います。

わかめの炒め物

白いご飯にも、玄米にも、おかゆにもよく合うし、お酒のあてにも。わかめをオリーブオイルで炒めて、しょうゆをたらしただけですが、うちで食べたひとたちに「どうしてこんなにおいしいの!?」と大好評。

冷めても味が変わらず、撮影用にたっぷり作ったものを持ち帰ったひとから、「高齢の母がとても気に入ってしまいました」と聞きました。

わかめの炒め物

材料（作りやすい分量）

干しわかめ　5g
オリーブオイル　大さじ2
しょうゆ　適量
しょうがのせん切り　適宜

作り方

① 干しわかめは水に4分くらいつけてもどし、食べやすく切ります。

② 鉄のフライパンを熱して、煙が上がるくらい熱くなったらオリーブオイルをひきます。水けをきったわかめを入れて炒めます。

③ 全体に油がなじんだら、しょうゆをジュッと回しかけます。器に盛り、好みでしょうがのせん切りや白髪ねぎを天盛りに。

●うちでは干した阿波の鳴門糸わかめを使っていますが、塩蔵わかめで作っても。ごま油で炒めたり、にんにく炒めにしてもおいしいです。

●わかめはマリネしても美味。もどして食べやすく切ったわかめを、米酢、ごま油、しょうゆ、赤唐がらしのせん切りであえるのです。冷蔵庫で3〜4日保ち、あと一品何か欲しいときや酒の肴に、ちょこちょこ出して食べられるので便利です。

鉄のフライパンを使いきる

●フライパンは鉄に限ります。フッ素樹脂加工のものは便利かもしれませんが、から焼きができず、したがって高温に熱することができません。

●炒め物というのは、「高温の油で素材を包み込むようにして火を通す」調理法。シンプルなもやし炒めでも、卵焼きでも、カンカンに熱くした鉄のフライパンで、オイルも熱くして、一気に火を通すのがおいしく作るコツです。

●鉄のフライパンは扱いが難しい……という声をよく聞きますが、何も難しいことはありません。使うときはよく熱してから油をひくこと。使ったあとは洗剤を使わずにタワシでゴシゴシ洗い、火にかけて充分に乾燥させること。この2点さえ守っていれば、焦げもしないし、ずっと長く使える道具です。

逆に、フッ素樹脂加工のフライパンは、しばらく使うと表面のコーティングがはがれてくる消耗品ですし、はがれたフッ素樹脂を知らないうちに食べてしまっているかと思うと……。

●わたしがメーカーと共同開発している鉄のフライパンを、「錆びさせてしまったから新しいのが欲しい」と、うちの店に買い替えにいらした方がいました。たまたま店にいたので「買ってはだめです。ちゃんと手入れをすればまだ使えるはずですから」と言って売りませんでした。タワシでよくこすって錆を落とし、火にかけて乾かし、オイルをなじませれば、元通りに使えるはずなのです。

●長く使える道具を選び、それをしっかり「使いきる」ことも、わたしたちの暮らしを豊かで知恵あるものにすることだと思います。

切り干しは1袋を全部もどして。

切り干し大根も、わたしは1袋を全部もどしてしまいます。使いかけの乾物を残しておいても、おいしくなくなるだけ。一度に使いきるのがおすすめです。

まず、わたしが好きなのはごま酢しょうゆあえ。みじん切りのしょうがをたっぷり入れて、切り干しをあえるのですが、これがとってもおいしい。日保ちもするし、これをベースにした野菜のあえ物も美味です。

切り干しは炒めるのもおすすめ。炒めると甘みが増して、いくらでも食べられてしまいます。煮物なら、あまり具を入れず、ほとんど甘みもつけないで煮るのが好みです。そのほうが切り干し本来の風味が感じられます。常識にとらわれない食べ方のほうが、おいしかったりするものです。

1袋をもどしたら、½量をごま酢しょうゆあえにして、¼量を炒めて食べて、¼量を煮物にする——そんなふうに使うといいかな、って思います。

切り干し大根は、玄米にとてもよく合います。切り干しのおかず＋玄米ご飯は、からだをリセットしたいときの食事にも最適です。

切り干しのごま酢しょうゆあえ

玄米ご飯にのせて食べると最高。日保ちがするので、これをベースにして、ゆでたほうれんそうやにんじんとあえたり、焼いたしいたけとあえたり、いろいろに楽しみます。

材料(作りやすい分量)
切り干し大根(もどしたもの) ½袋分
しょうがのみじん切り 大さじ2
[ごま酢しょうゆ]
金ごま 大さじ3
しょうゆ 大さじ2
米酢 大さじ3

作り方
① 切り干し大根は水に10〜15分つけてもどします。日なた臭さを取り除くようにもみ洗いして水けを絞ります。長ければ、4〜5cm長さに切ります。しょうがはみじん切りに。
② ごま酢しょうゆを作ります。大きめのボウルに金ごま、しょうゆ、米酢を入れて混ぜ合わせます。
③ 切り干しの水けをギュッと絞り、②のボウルに加えてあえます。
● ふたつきのステンレスのボウルやガラス瓶に入れて、冷蔵庫で保存します。

切り干しのシンプル煮

切り干しの煮物も好きです。切り干し本来の甘さが感じられるように、わたしは甘みをほとんど加えずに煮ます。

砂糖を使った料理の味があまり得意ではなくて、昔は煮物にみりんを使っていましたが、今はもっぱらエキストラライトメープルシロップを愛用しています。くせがなく、すっきりとした甘さで和食にもとてもよく合うのです。かつおだしは「まとめ仕事」で冷凍しておいたもの(P66)を使えばラクです。

材料(2人分)
切り干し大根(もどしたもの) ¼袋分
油揚げ 1枚
ごま油 大さじ1
かつおだし カップ½
酒 大さじ1
しょうゆ 大さじ1〜1と½
メープルシロップ 少々
しょうがのせん切り 適量

作り方
① 切り干し大根は水に10〜15分つけてもどし、長ければ4〜5cm長さに切ります。油揚げは熱湯をかけて油抜きし、縦半分に切ってから5mm幅に切ります。
② 鍋にごま油を熱し、水けを絞った切り干しを入れて炒めます。全体に油がまわったら、かつおだし、酒を加えて中火で煮ます。
③ 7〜8分煮たら、メープルシロップとしょうゆを加え、汁けがなくなるまでじっくり煮ます。切り干しとしょうがは相性ばつぐん。器に盛り、しょうがを添えて、一緒に食べるとおいしいです。

切り干しのシンプル煮

切り干しと
桜えびの炒め物

切り干しと桜えびの炒め物

切り干しの炒め物、みなさんはあまりやらないのでしょうか。うちで作ると、いつもみんなで取り合いになるんです。

よく炒めた切り干しは、本当に甘くておいしい。なるべく底の大きいフライパンに切り干しを広げて、水分をとばすようによく炒めてください。フライパンが小さければ、切り干しの量を減らして作ったほうがよいくらいです。

塩だけの味つけが新鮮です。さらに言えば、こういう料理には粒の細かい塩で全体に味をつけるのではなく、粗塩をふって、塩の粒がところどころに感じられたほうがいい。と、こう聞くと「日本酒にも合う!」とピンとくる方もいるのでは?

切り干しは豚肉と炒めてもおいしいです。その場合はしょうゆをちょっとたらすと、ご飯のおかずにぴったり。

材料(2人分)

切り干し大根(もどしたもの)　1/4袋分
桜えび　30g
ごま油　大さじ1～2
粗塩　適量

作り方

① 切り干し大根は水に10～15分つけてもどし、長ければ4～5cm長さに切ります。
② 底の広いフライパンを熱して、煙が立ったらごま油をひきます。切り干しの水けをギュッと絞って、ほぐしながらフライパンに入れます。
③ 切り干しを菜箸で広げてほぐしながら、水分をとばすつもりで、中火で炒めます。次第に干した大根特有の甘い香りが立ってきます。少し焦げ目がついたら箸で上下を返し、カサカサになるまで炒めます。
④ 桜えびを加え、油が足りないようなら少し回しかけて炒め合わせます。仕上げに粗塩をパラパラとふり、ひと混ぜしたら完成です。

4
「使いきる」ための包丁研ぎ

包丁は研ぐものです。

道具はずっと使える、手入れをしながら長く使えるものであってほしいのです。ほしい、というか、そういうものだと思ってきました。

前書『使いきる。』の表紙は、使い込んで穴があいたオーブンミトンでした。わたしが愛用しているもののひとつ。イタリアのリネンのお気に入りのミトンは、穴があくと、使わないリネンのブレスマットなどを自分で縫いつけてパッチワークして、補強して使っています。ひとから見たら「ぼろ」かもしれないけれど、わたしにはとても愛着のある道具で、そんなふうに道具と付き合っていく生活が好きなのです。

日々の料理に、もっとも大事な道具は包丁です。特に、見た目の美しさや食感も味のうちとする日本の料理は、「包丁の切れ味のよさで作る」といっても過言ではありません。何も家庭で料亭のような料理を出す必要はないけれど、でも、うどんに散らす青ねぎはきれいな小口切りがいい。里芋の煮物に天盛りにする針しょうがは細いほうがいい。そうしたところに料理の冴えが出るものです。

包丁は研いで使います。わたしは30年ぐらい前から、自分で研いでいます。最初はめげました。「これでいいのかしら」なんて思いながら研いでいて、逆に切れなくなったりもして。でも、そこでやめてしまうか、続けるか。そこが境目。

諦めないことです。そして「慣れ」だと思います。

包丁研ぎをまだやっていないひとは、まず、やってみること。やってみて、めげずに続けて、そのうちに研いだ包丁が切れるようになれば、嬉しくなって、研ぐのが面倒でなくなる。

かく言うわたしも自己流の包丁研ぎですし、まわりにも「包丁研ぎをちゃんと習いたい」というひとがたくさん。それである日、うちのスタジオで包丁研ぎ教室を開きました。もちろん、わたしも生徒のひとりです。

砥石を水につける

道具を準備する

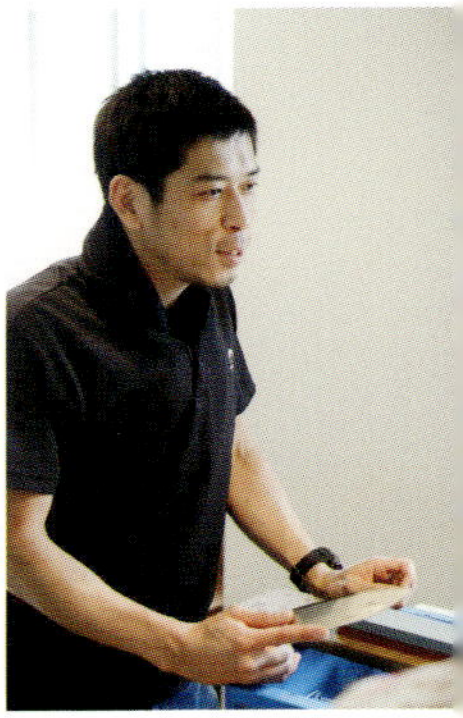

包丁研ぎを始めましょう。

さあ、包丁研ぎ教室のはじまりです。

講師にお招きしたのは、新潟・燕市の包丁専門のメーカー、藤寅工業株式会社の松村智朗さん。松村さんとわたしが最初に会ったのは3年ほど前、ドイツ・フランクフルトのアンビエンテという、キッチン道具などが世界から集まる大見本市でした。松村さんはすばらしい包丁作りの職人であると同時に、ヨーロッパやアメリカをはじめ世界中を飛び回って包丁を研いでいる方。ちなみに藤寅工業はラバーゼの包丁のシリーズを作っている会社です。

道具を準備する

松村智朗さん（以下、松村）　まず、包丁研ぎに使う道具からご説明します。砥石、雑巾、バットなどに入れた水、古新聞。家庭での包丁研ぎは以上の道具で行います。今日は牛刀や三徳包丁など、みなさんが一番よく使う両刃の包丁の研ぎ方をお教えします。

砥石は、まずは「荒砥石」という、220番手ぐらいの目の粗いものを使います。次に、「中砥石」という1000番手ぐらいの砥石でなめらかに仕上げます。家庭ではこの2種類があるといいです。当社では「荒砥石」と「中砥石」が裏表になったコンビ砥石を作っていますので、今日はみなさんにこれを使って研いでいただきます。

包丁を研ぐとき、砥石を固定したいんです。家庭で簡単になさるなら、濡れ雑巾を砥石の下に敷くといいです。

生徒　固定するための台も売られていますよね？

松村　はい。シンクの大きさに合わせられる砥石固定器具も市販されていますし、僕たちプロは、固定台を自分で木で作って、水を張ったコンテナの上にそれをひっかけて研ぐんですよ。また、当社のコンビ砥石にはストッパーつきの固定台がついていますので、このまま研いで大丈夫です。

砥石のすべりをよくするために水をかけながら研ぎますので、バットなどに水を入れて近くに用意しておいてください。包丁研ぎは汚れますから、雑巾を手元に置いておきます。古新聞は研いだあとの包丁の手入れに使います。

砥石を水につける

松村　最初に砥石を水につけます。つけるとすぐに、あぶくがぶくぶくと出てきます。あぶくが出なくなったら、砥石が完全に水を吸ったという合図なので、研ぎ始めてよし、ということになります。水につける時間はだいたい5分くらいです。

濡れ雑巾や固定台の上に、砥石をまっすぐに置きます。

どこを研ぐのか

角度の変わらない持ち方

15度の角度で砥石に当てる

どこを研ぐのか

松村　包丁が切れることを「刃がつく」と言います。刃の先端の一番切れる部分を「小刃」と呼びますが、包丁を使ううちに小刃が摩耗して「刃がついていない」状態になる。だから小刃の研ぎ直しをする。これが「包丁研ぎ」という作業です。

　ですから研ぐのは、刃先（包丁の刃の先端）から内側に3～4㎜程度入ったところまでの「小刃の幅」です。この幅を、刃先（包丁の上部の先端）から刃元のほうまで、すべて研いでいきます。

　このとき、上から下までいっぺんにサーッと研ごうとするんじゃなくて、包丁の長さを4等分ぐらいに分けて考えてください。そして刃先のほうから、4等分したそれぞれのパートを順に研いでいく。こうすると研ぎやすいです。

角度の変わらない持ち方

松村　包丁研ぎは、一定の角度を保って研ぐことが重要なんです。そのためには持ち方が大事。右手の親指で、包丁の腹の刃元に近い部分をしっかり固定する。人差し指で、みね（背）をしっかり押さえて持つ。

　刃を自分に向けて、砥石に包丁を当てます。

15度の角度で砥石に当てる

松村　包丁を砥石に当てるときには、角度をつけます。その角度がだいたい15度ぐらいです。15度というのは、包丁のみねと砥石の間に10円玉2～3枚が入るすき間ができるくらい。

生徒　10円玉1枚ぐらいだと思っていました……。

松村　みなさんが思っているよりも、角度がつくかもしれませんね。この角度の保持というのは、慣れないと難しいです。難しいけれど、一定の角度を保って研ぐことが非常に重要。できるようになるまでの、研ぎの補助具というのを当社が出していまして、これをみねにつけて研ぐと、だいたい15度ぐらいを保つことができます。

　包丁の刃先を鋭角にして、さらに切れる刃に仕上げたいときは、包丁をもっと寝かせて、10円玉1枚程度の角度で研いでもいいんですよ。ですから、15度以下＝10円玉2～3枚以下の角度で研げば、基本的に切れる刃がつくと考えてください。

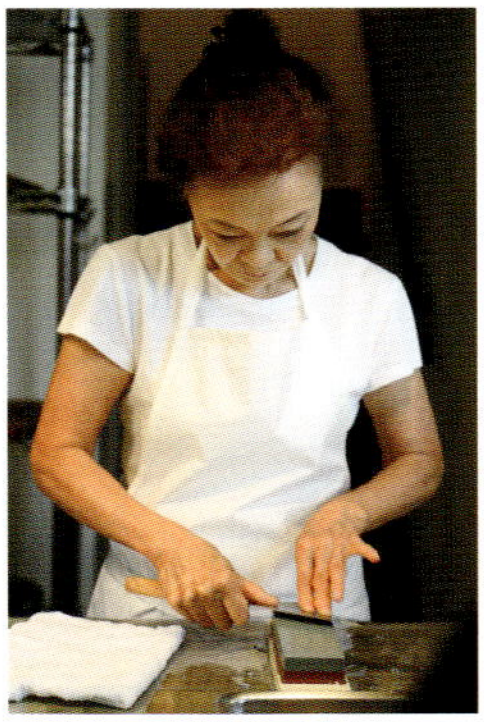

包丁を斜め45度に傾ける

砥石全体を使う

押すときに力を入れる

「コツはひとつ、〝バリ〟が出るまで研ぐこと」。

包丁を斜め45度に傾ける

松村　では、包丁を研ぎ始めましょう。刃を自分のほうに向けて、包丁をしっかりと持ち、10円玉2〜3枚のすき間ができる角度で砥石に当てます。砥石の中心に対して、包丁を斜め45度ぐらいに傾けて置きます。左手で研ぐ位置の刃を押さえて、刃先（上部の先端）から順に研いでいきます。

生徒　ずっと45度に傾けて研ぐんですか。

松村　45度の角度を保ちながら研ぐのを目安にしますが、研ぐ場所によっては30度ぐらいになってもいいし、真っ直ぐ縦になってもいいです。

砥石全体を使う

松村　研ぐときは砥石全体を使うようにしてください。一部分だけではなく、砥石の端から端までを使って、スッスッと長く大きく研ぐ。

研ぎの最中、砥石の上がドロドロしてきますが、これは研ぎに必要なものなので洗い流さないこと。ただ、砥石のすべりが悪くなってきたら、随時、水をかけるようにします。

押すときに力を入れる

松村　研ぐ際には、押すときに力を入れてください。押すときに力を入れる、引くときには力を抜く。

生徒　力って、結構入れるんですか。

松村　結構入れますね。力を入れすぎて、砥石から包丁がずれ落ちてしまうと危ないけれど、結構な力を入れて大丈夫です。

あと、リズムよく研ぐということも大事で、一回一回「研げてるのかな、どうなのかな」と見たくなると思うんですけど、職人の仕事もそうですが、見る回数が多いと仕事がはかどらない。なので、自分で決めるといい。20回研いだら見てみる、とか。そういう決まりを作ると、リズムよく研げると思います。

以上です。包丁研ぎって、これだけのことなんですよ。ただ、研ぎを教えていて、いつも聞かれるのが「いつまで研げばいいの？」「何分研げばいいの？」ということ。

生徒　そうそう。それがわからない。いつまで研げばいいんですか？

バリが出るまで研ぐ

松村　包丁の切っ先に〝バリ〟が出るまで、包丁は研ぐんです。

生徒たち　バリ？

松村　バリ。ちょっと僕が研いで、お見せしますね。（シュッシュッシュッと、刃先の部分をリズミカルに2分ほど研いで）ほら、これがバリです。

裏面を研ぐ

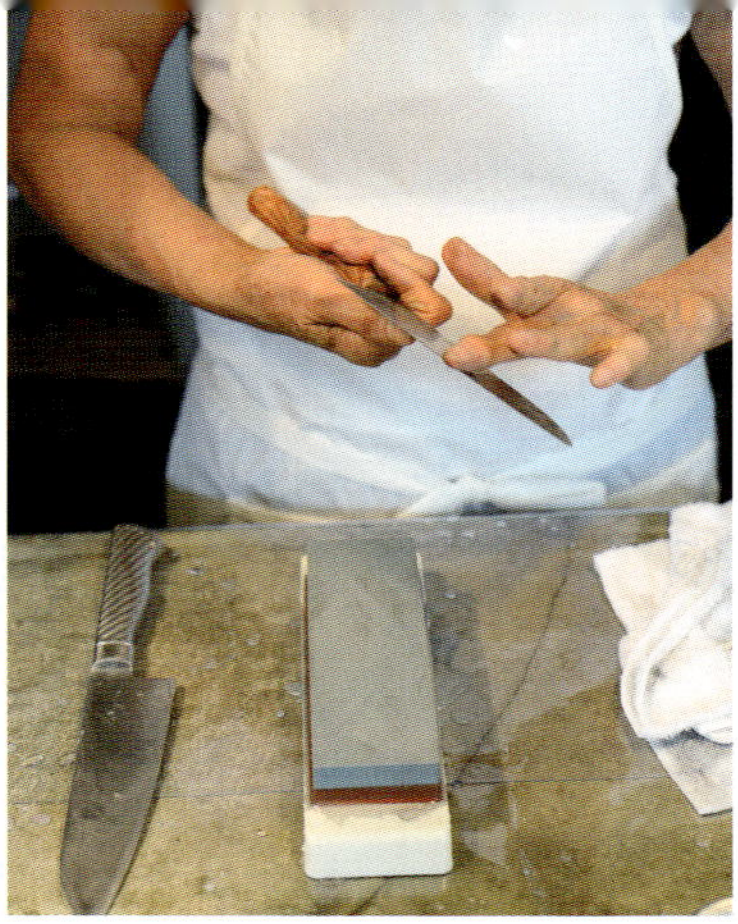

バリが出るまで研ぐ

生徒たち　おぉ、糸みたいなものが！

松村　見えるでしょう？　これなんですよ、バリは。バリって何かというと、包丁の研ぎ終わった先に、薄くなって限界まで行ってしまった金属の残骸が出てくるんです。研いでいるほうの裏面をちょっと触ると、細かい金属のくずくずが出ているのがわかると思います。

生徒　ああ、なんか壁みたいなのが、薄い壁みたいなのが出ています！

松村　それです、それです。壁みたいだったり、糸くずみたいだったり、とにかく薄い金属のかすみたいなものが出てきたら、その部分の研ぎは終わりですよ、という合図。そうしたら、バリの出てきていないところを研ぐ。

生徒　包丁の表面の全体にバリが出るまで研ぐ、ということ？

松村　そうです。とにかくバリが出るまで研ぐ。包丁研ぎのコツはこれひとつ、といってもいいくらいです。

裏面を研ぐ

松村　表面の全体にバリが出たら、次は裏面です。裏面の研ぎ方には2種類あります。

まず、おすすめの方法は、今研いだのとまったく同じことを、包丁を左手に持ち替えてする。

生徒たち　ええ〜っ。

松村　これは最初慣れないうちは「ええ〜っ」なんですけど、慣れるとやりやすいです。左手で研ぐ場合は表面とまったく同じです。押すときに力を入れて、砥石全体を使って研ぐ。

もうひとつのやり方は、包丁を右手に持ったまま、刃を外側に向けて研ぐ。この場合は押すときに力を入れるんじゃなく、引くときに力を入れるんです。どっちかやりやすいほうで。後者は研ぐ角度や向きが「ちょっと難しいな」と思うときがあるんですよ。おすすめは左手です。

裏面はバリを取る程度でよし

松村　裏面はそんなに一所懸命に研がなくていいです。表が7で裏が3、ぐらいの感覚です。表を研いでバリが出た状態って、そのバリさえ取れば、刃がついている＝研げている状態なんです。ですから、裏はあまり力を入れずに、バリが軽く取れる程度に研ぐ。

中砥石で磨く

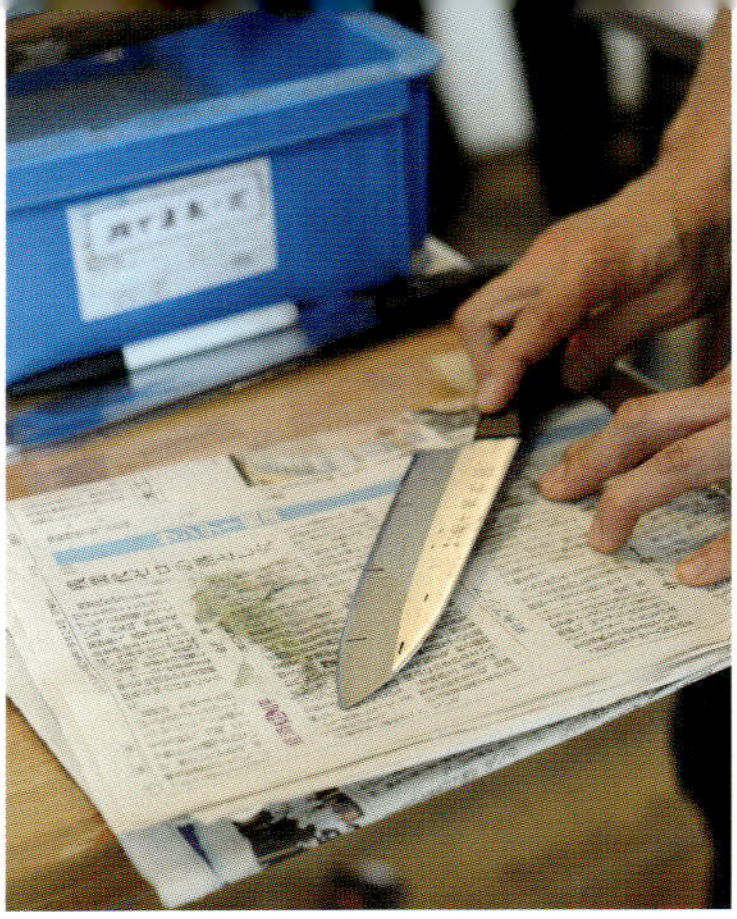

仕上げ

試し切り

研いで、ちっちゃくなる日まで。

中砥石で磨く

松村 研いだ包丁の仕上げをします。1000番の中砥石（コンビ砥石は裏面）を使って、これまでとまったく同じことを繰り返します。包丁の表面を、また同じ角度でスッスッスッと研いでいきます。これも、バリが出てくるまで。

さっきの「荒砥石」で研いでできたバリとは違って、今度はもうちょっと細くて薄いバリが出てきます。それが出てくれば研ぎ終わりなので、また同じように、4分割の次のパートに進みます。最初に荒砥石で研いだ面を磨いていく感覚ですね。裏面も同様に軽く研いでおきましょう。

仕上げ

松村 では、最後の仕上げです。台の上に古新聞を置いて、研いだ包丁をこすりつけてバリを取ります。それから水で洗い、水けをしっかり拭き取る。これで包丁研ぎは終わりです。

有元 試し切りをしてみたい方は、そこに大根がありますのでどうぞ。

砥石の始末

松村 あとは、使い終わった砥石の始末ですね。砥石って、すぐにえぐれるんですよ。えぐれたままの砥石で研ぐと、包丁の刃が丸くなったりする。なので、砥石を平らにしておきます。

一番簡単な方法は、コンクリートブロックにこすりつけること。ですが、よその家の壁なんかでそれをやると大問題になるので、面調整砥石といって、砥石を平らにするための砥石があるんです。これを、使い終わったあとの砥石にこすりつける。こすりつけると、どこが凹んでいるのかすぐわかるので、凹みがなくなるまで軽く研いで、砥石を平らにしてあげる。

あとは陰干しして、しっかり乾かす。砥石は水につけたままにしておくと、すぐダメになります。斜めに立てかけておけば、すぐに乾きます。乾いた状態で保管しましょう。

どのくらいの頻度で研ぐか

生徒 包丁研ぎは、定期的にやったほうがいいんですか。

松村 まあ、目安としては家庭では2週間に一度くらいをおすすめしています。ただ、料理人が毎日研ぐように、包丁研ぎはこまめにやったほうがラクです。

なぜかというと、包丁は研ぐとどうしても減っていくんですね。包丁の断面というのは、みねのほうが厚くて、刃の先端に向けて薄くなる。だから研いで刃が減ってくると、包丁がだんだん厚く

砥石の始末

なる。そうなると、いくら研いで刃がついても、包丁自体が厚いので切れ味がよくなくなる。

有元　刃がついても包丁が分厚いと、素材に入りにくいんですよね。触ると切れそうな刃なんだけど、切れない。なんで切れないんだろう……と思う包丁は、研ぎ減りして厚くなってしまっているのよね。

松村　そうなんです。包丁自体の薄さというのも大事なんです。切れなくなる限界まで使って、それで刃の先のほうだけを研げば、包丁が厚くなる。厚くなった包丁を、切れるように研ごうとするのは大変です。みなさん、そういう状態まで放っておいて研ぐから、時間がかかって、それで包丁研ぎが嫌になってしまうんだと思う。

だから、できるだけこまめに研いだほうがいいんです。刃の先端から、内側に5～7㎜入った部分を研げば、包丁を薄く保てます。厚くなってきたと感じたときは、包丁を鋭角にして、つまり心持ち平らに寝かせた角度で研ぐようにします。

有元　そんなふうにこまめに研いで使っていれば、包丁も厚くならないし、芯の鋼の部分がずっと出ているから、切れ味がいい。たとえ包丁が減って、どんなにちっちゃくなっちゃっても、ちゃんと使えるんですよね。ちっちゃくなるまで包丁を「使いきる」。それを目標にしたいですね。

★コンビ砥石、研ぎの補助具、面調整砥石／藤寅工業株式会社
☎0256-63-7151
http://tojiro.net/
★ラバーゼの包丁／和平フレイズ
☎0256-63-9711
http://labase.jp

研ぎやすい包丁——
藤寅工業・松村さんの話

●包丁の構造には、大きく分けて2種類あります。丸鋼の包丁、割込の包丁です。

●丸鋼というのは、包丁の刀身がすべて鋼でできています。鋼にもいろいろな種類があって、ステンレス鋼でできた包丁などが一般に広く出回っています。丸鋼の包丁は全体がかたいので、手が滑って落としたりするとパキッと折れやすく、どちらかというと研ぎにくいです。

●割込の包丁は、真ん中だけに鋼を入れて、両側をやわらかいステンレスなどの素材でサンドした、だいたい三層になっています(三層以上の包丁もあり)。これは日本刀と同じ原理で造られた包丁で、よく切れるけれど、しなやかで折れにくい。また、研ぎやすい包丁と言えます。

●ラバーゼ包丁のシリーズの中でも、家庭で一番よく使う三徳包丁とペティナイフは、ラクに研げて切れ味の保ちがよい、「三層割込」の製法をとっています。

楽しく豊かに生きるために。

かぶは皮ごと、茎も一緒におだしで煮て食べるのが好きです。かぶをただ煮るだけのために、朝削ったばかりのかつお節を贅沢に使って、おいしいだしをとります。だからわたしの料理はやっぱり、もったいないから残さず食べる〝しまつ〟とは違うのです。おいしく楽しく、むしろ贅沢に食べるための〝しまつ〟なのです。

そうそう、残ってかたくなってしまったバゲットの食べ方を、まだご紹介していませんでしたね。うちのスタッフたちが大好きなフレンチトーストを。

仕事が山積みで、早朝にスタッフに招集をかけた日の前夜、わたしはバゲットを5㎝ほどに厚く切ってバットに並べ、たっぷりの卵(3個ほど)+牛乳(カップ3ほど)+砂糖(お好みで)の卵液につけて冷蔵庫に入れておきます。食べきれなくてかたくなったパンほど、卵液をじゅくじゅくと吸うので好都合。途中でひっくり返して、卵液をバゲットの芯まですっかり吸わせるのがミソです。

翌朝、みんなが集まる時間を見計らって、170℃のオーブンに入れて20分。熱々の焼きたてを取り分け、溶かしバターとメープルシロップを好きなだけかけて、くだものと一緒に食べるのです。プリンみたいな、とろけるおいしさのフレンチトーストは禁断の味。でも、「今日はよく働く日だし、朝ごはんだからいいわよね」と言い合って。

カチカチになったパンは、どうすればやわらかくおいしく食べられるだろう。みんなが捨ててしまう葉っぱを、メインのおかずにできないか

しら。海藻を洋風に食べるとしたら……。いつもと発想を変えて、知恵を働かせれば、料理はどんどん楽しく面白くなります。料理が面白くなれば、素材や道具や器などにも興味が湧くし、「次はどうしようか」って前へ行きたい気持ちも湧いてくる。

おいしいものを作ったら、ひとに食べさせたくなります。家族が集まるときに「これを作ろう」とか、みんなが集まるときに「持っていこうか」とか、おいしいもののまわりにはひとが集まるのです。それに「どうやって作るの？」とか、「こういう食べ方もあるわよ」とか、おいしいものがある場所はにぎやかで明るく楽しい。

だから思います。料理をすることは、食べることのみならず、生活全体を豊かにすることです。料理をすることで全体の底上げがされる。逆に言えば、暮らし全体がいきいきとしない料理は知恵のない料理で、いくらリッチな食材を使っていても豊かとは言えません。

家庭料理で大事なのは、「知識」ではなく「知恵」です。素材を頭からしっぽまで使っておいしく食べることも、道具を手入れしていろいろに使うことも、わたしたちの祖先が伝えてくれた「知恵」で、わたしたちの宝物です。わたしたちもまた後世に伝えていきたいのです。みんなでより豊かに生きるために。

日々の台所仕事の中で「知恵」は育まれます。台所に立ちましょう。そして、素材も道具も「使いきる」台所仕事を楽しんでください。より豊かに楽しく生きていくために。わたしもますます励みます。

有元葉子

索引

文章の中に出てくる、さまざまな料理もピックアップしています。

［料理・素材別］

●ご飯・麺

●パン・パスタ

●ワンプレートごはん

●野菜をたくさん食べる

●肉

●魚介

●乾物

●お茶

［道具を使いきる］

有元葉子　ありもと・ようこ

料理研究家。専業主婦時代、3人の娘の母として、家族のために日々作る料理の面白さに目覚め、いつしか料理研究家に。すぐに役立つレシピ同様、「本当にいい道具が少ないから」と、メーカーと共同開発するキッチン用品「ラバーゼ」で、もの作りにも真剣に取り組んでいる。

著書

『使いきる。』（講談社）　気持ちよく暮らす衣食住の哲学を紹介した人気エッセイ。

『だしとスープがあれば』（文化出版局）　料理のベースとなる「だし」と「スープ」に特化した一冊。

『干し野菜のすすめ』（文化出版局）　いろいろな干し野菜の作り方&食べ方。

『有元葉子のマリネがあれば』（文化出版局）　肉、魚、野菜、果物を冷蔵庫においしくストックする技。

『だれも教えなかった料理のコツ』（筑摩書房）　だしや調味料、身近な素材の選び方や扱い方を網羅。

ほか多数。

ブックデザイン　若山嘉代子 L'espace

撮影　中本浩平

企画・構成　白江亜古

講談社のお料理BOOK

「使《つか》いきる。」レシピ

有元葉子の〝しまつ〟な台所術

2015年2月26日　第1刷発行

著者　有元葉子《ありもとようこ》

発行者　鈴木 哲

発行所　株式会社 講談社

東京都文京区音羽2-12-21　〒112-8001

電話　編集部　03-5395-3527

販売部　03-5395-3625

業務部　03-5395-3615

印刷所　凸版印刷株式会社

製本所　株式会社若林製本工場

ISBN978-4-06-299629-7